镜与灯人文译丛

此心安处

日常生活中的心理地理学

Places of The Heart

[加拿大] 科林·埃拉德 著
赵 凯 张慧君 茅佳惠 译

江苏凤凰教育出版社
Phoenix Education Publishing, Ltd

图书在版编目（CIP）数据

此心安处 /［加］埃拉德著 ；赵凯，张慧君，茅佳惠译. -- 南京 : 江苏凤凰教育出版社，2015.10
（镜与灯人文译丛）
ISBN 978-7-5499-5506-0

Ⅰ. ①此… Ⅱ. ①埃… ②赵… ③张… ④茅… Ⅲ. ①文化地理学 Ⅳ. ①G07

中国版本图书馆CIP数据核字(2015)第255367号

“镜与灯人文译丛”编委会

主编的话

作为一个外国文学翻译者与研究者，有太多的机会接触大量外国文化，并深深为世界各民族文化的缤纷多彩、丰富浩荡所折服。在这世界文化丰富多彩的浩浩荡荡中，各民族文化的独特性与多元化彼此交融、互相渗透，并在此过程中不断发展着和变化着。这种发展与变化又进一步促发了各民族文化之间的激荡、交流、碰撞、吸收、借鉴、扬弃、融合与改造，进一步催发出更加无愧于时代和人民的优秀文化作品，使得各民族文化在不断丰富自己内涵的同时，也丰富着全人类的文化宝库，使之日新月异，从而推动了人类社会的不断向前、不断发展。

在这样一种浩浩荡荡的交融与发展中，无论是个体，还是群体，任何把自己禁锢、封存、隔绝起来，意欲独善其身的做法与想法，无疑都是愚昧的、不可取的。只有置身其中，勇敢面对，从这种交融与碰撞中博采众长，吸取自己发展所需要的营养才是正确选择。问题是，面对这样丰富多彩、浩浩荡荡的海一样的文化大潮，如何更加方便和自如地去选择我们自己的需要，并不是那么容易做到的事情。毕竟，就大多数人来说，直接阅读国外文化作品，依然要受诸多条件，特别是语言障碍的限制与影响。因此，不断推荐、翻译与出版更多的优秀国外文化作品给我们的大众，正是我们翻译工作者与文化出版人责无旁贷的职责。这套由江苏省翻译协会与江苏凤凰教育出版社联手打造的《镜与灯人文译丛》，就是肩负着这样的职责，来为我们新时期的民族文化创新与未来文化发展战略服务的。

《镜与灯人文译丛》取名于美国文学理论家艾布拉姆斯的著作《镜与灯》。镜者，映像其中，意在反映外在事物；灯者，明示外物，意在指示外物的发展变化。《文丛》之所以取名于此，一者表达入选著述皆为对外在现实或精神世界的心灵映照，一者意为入选著作可提供理论上或思想上的指引。

综观世界各民族文化，不论是古代的，还是现代的，也不论是东方的，还是西方的，一切文化思想的形成，都是人类智慧的结晶，都是人类文明发展的象征。研究借鉴世界各民族文化，对于光大人类文明，开拓智慧领地，扫除愚昧落后，振兴本民族文化，无疑具有重要意义。人们只有用人类创造的一切知识来丰富自己的头脑，才能成为无坚不摧的力量驾驭者。对于国外文化中的科学理性精神、现代人文精神与人道主义、近代民主政治与法制思想、现代市场经济理论、西方现代理论、可持续发展的思想和战略等，我们要以充分的民族文化自信，敢于敞开胸怀，大胆接纳，在激荡中学习借鉴，在碰撞中扬弃升华，在交融中丰富发展。我们完全有能力坚持“以我为主、为我所用”的原则，博采各种优秀文化之长，向世界展示中国现代文化建设的成就。我们也完全有能力把我们的民族文化建设成符合时代要求的、代表人类文化发展最高水平的社会主义现代化文化。这，就是我们中华民族的文化自信。

《镜与灯人文译丛》译介西方优秀、积极的社会学、心理学、哲学或跨学科的著作，旨在反映当前国外理论界与学术界的优秀成果和研究方法。镜，鉴也，景也。借鉴国外精华思想，领略国外学术风骚，是出版的重要使命。灯，光也，明也。引入国外优秀学术成就，照亮未来学术之路，亦是出版的重要责任。江苏凤凰教育出版社秉承多年专业出版的理念，积极探索学术领域的发展和进步，举大教育概念，行大教育事业，始终致力于开发教育学术领域的先进思想，展示人文领域的先进成就。

《镜与灯人文译丛》的引进出版得到了江苏省翻译界各位专家学者的全力支持和有益指导，相信本《文丛》的出版必定会给我们的文化界与学术界带来不凡的亮点。

长江学者，南京大学教授、博士生
导师，中国翻译协会常务副会长

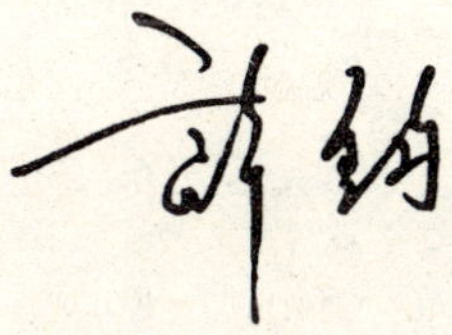

2014.9.19 于南京

目　录

导 言

6岁那年，在我还未曾思考想要如何度过这一生的时候，父亲带我参观了巨石阵。大约是50年前，那时巨石阵还尚未采取任何形式的监管，甚至连围墙都没有。在一个春天的清晨，空旷的索尔兹伯里平原上，我和父亲漫步于巨大的石柱间，用手掠过石柱光滑的表面，静默不语。此时不需要任何言语，只要在那里就已足够。那时我年龄小，还不能清楚地理解那把我们与遗址创建人分开的时间的鸿沟。而成年之后，受到多年的学校知识教育的洗涤，积累了复杂的情感联系之后的我，想要站在一座简单的纪念碑之中接受情感的洗礼却变得更加的困难。我知道我正处于一个古老而重要的地方，也很清楚那些雕刻、搬运这些巨石的人们所付出的劳动，这些巨石就是对他们建造这一伟大建筑的有力证明。那时，我对有关巨石阵的神秘之事还是知之甚少。尽管我对巨石阵的好奇愈发浓烈，当我第一次置身于此，关于它为何而存在的所有问题都变得无关紧要起来。我沉浸在体验到的情感中，这种渺小感比一个小男孩在一个陌生的地方牵着父亲的手所体会到的更为强烈。我所体会的是一种让人呼吸加快的渴望，这种渴望源于我意识到正漫步于别人出于一些伟大且不能跟我分享的目的而设计出来的巨石之间所产生的。我想行走于石柱之间，想与它们的高峰比肩，想要触摸它们。然而与此同时，我也产生了一种美妙而又惊奇的感觉，那就是我们本不应该出现在这儿，因为这些巨石的建造者似乎随时会回来。

我的父亲，作为一名建筑工人，他那天可能有另一种不同的体验。我很小的时候只模糊地知道父亲是干什么谋生的。直到青少年时期，才更充分地了解了他的工作。我明白了父亲是很难不经过计算，在心里默记已经使用的材料的大小和形状，考虑结构的坚固性和使它矗立的元素以及如何简化人类的使用等一系列问题的思考，就看出建筑结构的。我的父亲是一名建筑估料师，他的工作是去了解建筑师蓝图的计量、成本和价值，并且在实际工作中确保最终的建筑能实现建筑师的设想，同时花费也不超过预算。我想他可能体验过对建筑物的简单情绪反应，这种反应和他根植于工程学、建筑学和经济学上的复杂的知识性反应是相分离的。

多年后，我发现自己也处于一个极其相似的情境中，我仿佛能感受父亲那天在索尔兹伯里平原的感觉。某种程度上我是一个建筑和设计的痴迷者，为建筑物设计和街景画对我的感觉和思想的影响而着迷。我热衷于环游世界来直接感受这些影响。换个更专业的说法，我是一名研究建筑物如何影响其使用者的实验心理学家。我采用了一组广泛的科学工具来获取一个局内人如何看待人类对地方的反应。我能辨别建筑物的主人在何时集中注意以及关注什么，我知道他们的感觉是兴奋、无聊、快乐、伤心、焦虑、好奇或者惊恐。我的任务其实是设法弄清楚我父亲如此细心测量的砖头和灰泥，与后来目睹这些建筑的人的内部心理活动之间的关联。

我在一条分界线上不断来回跨越，一边是 6 岁时单纯的对建筑世界好奇和情绪化的反应，另一边是作为一个研究这个领域的成年科学家的批判性反应。我写这本书的一个主要目的就是想同时描绘出这条分界线的两端。几乎世界上每个人每天都在体验着建筑空间，例如我们的家、工作场所、机构建筑、娱乐和教育场所。我们都模糊地有着一个共同感觉，即环境的设计对我们的思考和行动方式施加影响。我们常寻求一些特别的环境，因为想要体验它们带来的影响(例如教堂或者游乐园)。尽管我们都从情感的层面来感受和回应建筑设计，且身处其中时这些感觉会影响我们的行为，但通常却没有时间或者并不想要通过剖析我们日常生活中对地方的反应来更好地理解它们。

现在世上的人们比以往任何时候都更加渴望理解“地方”是如何发挥作用的，以及协助构建更合心意的地方。一方面，是由于我们都知道自己正处于巨大变化的危险边缘。城市化、拥挤、气候变化以及能源失衡是我们正面临的挑战，迫使我们去重新思考要如何来塑造我们的环境。这不仅仅是为了我们的生存，也是为了保护我们的心灵健康。另一方面，这种想要参与到我们的生活环境的打造之中的新浪潮，源于供我们与他人联系，分享想法、图片，乃至我们的身心状态的设备，例如智能手机和互联网等。

无论规模大小，我认为要构建更好的地方的关键在于观察我们的生活经验以及包含这些经验的地方之间存在的复杂关系，这是每个人都能做的事；接下来要通过新的科学理论和现代科技的应用来使这些关系变得有意义。这种尝试近来显得更加迫切，因为从智能手机的位置感应应用到能够对路人进行生物测量的嵌入式感应器，我们用来研究人类对地方反应的同类型的科技越来越多地被运用于环境之中，来利用那些影响我们感觉、希望、需求和决策偏见的传统工具的设计。这些技术实际上进行了重新定义，从公共空间到墙壁的意义，无论如何，它变革了环境对我们产生影响的方式。任何有兴趣去了解地方是如何影响我们的人，都应该关注与传统以及影响我们行为的建筑地的古老方法融合的新科技影响我们行为的各种方式。

建筑的开端

影响人类情感和行动的环境设计由来已久，它的产生早于包括文字交流，城市和住宅区的设计在内的其他人类文明，甚至早于农业的产生。传统观点认为农业的产生对塑造现代人类社会的因素具有开创性的意义。这一文明根源于土耳其南部靠近乌尔法城的哥贝克力石阵的古遗址之中。这个有着超过 11000 多年历史的建筑物是由一系列的墙壁和厚石板搭建的石柱构成，其中一些石柱的重量超过 10 吨。① 对建筑师来说，这个遗址代表着目前已知的除了简单住屋外人类最古老的建筑。的确，哥贝克力石阵遗址相距巨石阵的时间，相当于巨石阵距离今日的时间那么长。作为人工艺术来说，哥贝克力石阵遗址更具价值。它们长期保留着建筑学起源的真理。在哥贝克力山顶遗迹之前，传统观点认为是动物驯化、殖民扩张和农业推动了建筑业的发展，进而促进城市的产生。很显然哥贝克力山丘的建造先于时代的发展，这些石头是由捕杀和食用猎物的猎人们垒起来的，而非群居的农民。在这里挖掘出的墙壁是最早出现的，并非是为了保护个人的财产和家人免受敌人和大自然的迫害以及防止邻居窥视，而是出于某种其他目的建造的。

我们几乎无法穿过漫漫历史长河去了解哥贝克力石阵大量的墙壁和圆柱到底是为了满足建造者们的何种目的，但是从遗址中留下的并不充分的人类活动的证据，例如动物的骨头和柱上雕刻的人物、大型鸟类、蛇和食肉动物的壁炉等暗示我们这个地方过去或许是一个宗教圣所——很可能是一个跨越了数百年历史的，被参拜、改造、建筑又重建的朝圣场所。很显然，哥贝克力石阵不是人类居住的场所，而是一个供人们参观，或者是思考和做礼拜的地方。也许那些可怕的雕刻物是一些图腾，帮助它们的设计者在日复一日的猎人生涯中克服面对可怕挑战时的恐惧感。另一种可能是，哥贝克力石阵与巨石阵一样是一个治愈性的场所，这意味着促使人类进行建筑活动的最原始的一个驱动力来源于人类意识到自己的极限，代表着人类对宿命最初的抗争。某种程度上讲，很多建筑的历史，尤其是宗教建筑，可视为人类寻找逃脱死亡的方法的共同努力，这表明了我们对影响感情的建筑结构的力量的早期理解。

不管我们能从哥贝克力石阵遗迹的精心建设背后知晓些什么，在文字未发明的 6000 年前有一件事情是非常明确的：人类的特征（也许是唯一特征）或许能在那时发生的事情中找到源头——我们通过建筑来改变看法，影响思想和感情；我们通过这些方式试图组织人类的活动，发挥力量，并且在很多情况下赚取金钱。这样的例子随处可见，贯穿人类历史始终。

空间如何打动我们

我第一次参观圣彼得大教堂时，看到其他的游客拜倒在富丽堂皇的，满眼财富和非凡艺术品的巨型圆顶前。当然人们如此的反应绝非偶然。这样的建筑设计很明显是为了改变人们的感受，鼓励人们重新评估他们与神圣宇宙的关系，解除他们对来世的恐惧，且希望在人们离开这里很久之后还能够对他们的行为施加影响。事实上，科学研究已经表明，置身于宏伟的场景面前，不论是美得惊心动魄的自然现象，例如漆黑的星空或者深深的大峡谷，或是人类的建筑艺术像教堂的天花板，都能够对我们对自身的情感和对待他人的方式，乃至对时间流逝的感知产生重大的影响。②

我们日常生活的地方并不总是如此庄严。当我们走进法院的时候，哪怕只是去付个停车费，只要我们面对着高高的屋顶，华丽的装饰，巨大的圆柱和壁柱之时，在厚重的权威面前，所有一切都会营造出一种自我的渺小感。心理学研究同样表明，那样的空间形式不仅影响我们的感觉，也通过使我们更加顺从，更好地适应强大的意志力来影响我们的态度和行为。

当我们在逛商场或者百货公司的时候，我们也许是想寻找某一特定的商品，比如一个搅拌机，但是很快我们就发现自己几乎进入了一个防御性很低的被催眠状态，降低了戒备心，很想花钱买一些我们不需要的东西。这种零售空间的设计，并不是自然而然的，而是出于精心设计。自从我们有可支配收入来买我们不想或不需要的商品后，商人们便像参与军备竞赛一样尽可能地攫取我们的剩余财富。

当我们怀着巨大的挫折感走在宽阔的郊区街道上，或者走过千篇一律的房子时，我们体验到时间缓慢地流逝和一种厌倦的状态，与20世纪60年代感觉剥夺实验的先驱者们感受到的状态并没有不同。与此不同，繁忙的都市街道中商品琳琅满目，食物香气四溢，人们熙熙攘攘，让我们情绪高昂。这种对空间的不同反应很容易从我们的身体上表现出来，包括我们的姿势，眼神以及头部活动，甚至我们的大脑活动。无论我们去哪儿，我们的神经系统和心理状态都受到我们经历的影响。尽管我所描写的这些例子看起来是老生常谈，但是建筑环境对人类体验的微妙且艺术性的影响向来都如此之深。除了设计师和建筑师们使用了比以往任何时候都要多的材料和方法外，人文科学的指导原则也越来越多地渗透到设计之中，如社会学、心理学、认知科学和神经科学。神经科学强大的新方法能够通过外科医生的手术刀来探寻我们精神生活的物理基础。建立在对认知科学长达一个世纪的细心实验研究基础上的关于内部心理活动的新知识,让我们不断地接近对非常微妙的精神体验基础构建模块的理解,使我们能解释和预测我们在混乱的日常生活场景中的行为。与此同时,无创伤、远距离探索个体精神和情感生活的科技正在加速发展。我们被大量的新设备淹没,它们通过心跳、呼吸频率、面部表情、眼球转动、汗腺,甚至是我们插拔手机的动作来读懂我们的思维。这些技术对研究者来说是个好消息,他们竞相对各种规模的环境(从房屋内部构造到城市街景)如何塑造我们的情绪和行为进行准确解释。另外,这些新技术还为一个古老的"游戏"提供了前所未有的新手段,这一"游戏"像哥贝克力石阵一样古老,它就是我们为了塑造自己的行为,刻意地修饰对某一地方的自然反应。

新的情感科学

大部分历史中,对人类精神的组成的普遍解释中显示出包括理解、思考、推理和决定在内的认知与感觉、渴望和情感的领域间的巨大差异。我们在日常谈话中仍然将"感情与理智"区分开来,我们的文学、电影作品和电视节目中也充满了理性与情感之间史诗般的战争与对立。我们的语言本身的蛛丝马迹就暴露出了我们的偏见。例如我们说的"冷静"思考,就很好地论证了笛卡尔提出的,不同于推动我们大部分日常生活发展的冲动、直觉和内驱力的一种状态。莎士比亚的戏剧、简·奥斯汀的小说和陀思妥耶夫斯基最伟大的作品全部都充满了感情与理智之间的斗争。在更现代的经典之作《星际迷航》中,外星人像科学官史波克或者生化人百科一样,能够做出完全理性的、缺乏感情的行为,且这些行为通常是自适应的。

历史告诉我们,科学理论都遵循着同样的趋势。神经科学的理论早就已提出了对大脑新皮层主权的支配地位是我们人类的标志。新皮层是承载较高级功能的大脑外层皮质,对它的形容词通常都意味着纯粹的理性。大脑认知层活跃的下方是有时被称为"爬虫类脑"的,动物的冲动和本能的储存地,促使我们去寻求被称为行为动机的"四个层次”的喂养、战斗、逃跑和繁殖。在日常谈话和科学界都存在一个隐性的假设，就是我们大脑的两个轨道——动物本能存在的深层内部和进化后更好的外壳之间是相对立的，处于一个永恒的、敌对的推挽之中。这常是我们从祖先进化中继承来的多愁善感的不良情感状态。但是尽管我们思想中存在这样深深的偏见，神经科学和心理学却显示了感情和思想之间的一种不同的关系。安东尼奥·达玛西奥对曾被认为是理性思维的最高境界的前额叶区域遭受局灶病变的个体进行了出色的研究，显示这种病变造成了适应性决策和行为的不足，因为这种病变切断了我们的情感和认知自我之间的重要联结。事实证明，我们有时用来指导决策且通常都比较正确的“直觉”，或者用达玛西奥的话来说就是“躯体标志”，实际上产生于我们更深层的情感性的大脑之中，它们构成了让我们做出明智的目标和计划的重要途径③。判断力看起来非常合理地深深植根于我们的情感状态中。在使用脑成像和脑电波测量等新技术进行的调查的支持下，我们了解了情绪在从脑损伤结果中调节理性行为中所起的重要作用。我们大脑中处理情感的区域是广泛分布的。它们涉及了很多方面，从包括我们心脏状态的接收身体感觉传入的脑干结构，到更高层的皮质，同时还混合着丰富的产生知觉和记忆的结构。这些发现对我们全面理解大脑如何产生适应性行为的重要性是远没有被高估的，但这样的经验对那些从寻找影响我们的方法中有既得利益的学说并不起作用。例如神经经济学蓬勃发展的新领域，在很大程度上是建立在人类行为到目前为止仅仅遵循逻辑原则的概念的基础之上的，同时也建立在一些全面细致了解的基础上，即我们在决定该做什么时还必须考虑作为一个以自然选择的原则生存的生物思维机器的特殊地位，且要服从于可能鼓励繁殖成功的各种偏见，尽管它们并不符合纯粹的逻辑。在这些偏见中情感的角色是至关重要的。目前，市场上神经经济学原则的应用尚且是一种超出了其可理解范围的努力，但是这种理论与应用之间的差距很快就会缩短的。

这些关于感情在指引日常行为中的关键作用的新想法对我们心理地理学的理解同样也产生了巨大的影响，即我们的环境是如何影响我们的。尽管地方影响情感而情感又影响决策已经远不是一个新鲜的想法了，思想和情感的深刻的混合物的发现显示这些影响改变我们所做的和我们是谁的程度被大大低估了。但是更多的新神经科学显示，我们内在的特质和结构与我们周围的科技之间有更为紧密的联系。

镜像神经元、化身和科技

神经生理学家贾科莫·里佐拉蒂20世纪90年代早期在帕尔玛大学工作期间，在恒河猴的前额叶层区域发现了一种新的神经元。④用极细的电极获得的单个神经元的记录显示里佐拉蒂和他的团队发现当猴子们伸手去够一口食物，用手抓住并放进嘴里时，一些细胞被高速触发。这些细胞、编码和可能在组织中发挥作用的复杂类型的动作，在灵长类动物(包括我们自己)的大脑中并不少见。尽管关于里佐拉蒂的细胞更显著的发现是，它们在猴子看另一个猴子完成同样的动作时也会被触发。他们有此发现的时候，这些细胞对广泛的科学观众来说就不再重要了。事实上，里佐拉蒂最初尝试在著名的《自然》杂志上发表他的发现，却遭到了拒绝，因为这一发现被认为不能激发读者的兴趣。不过随着时间的推移，加上其他关于大脑镜像系统的发现，里佐拉蒂的发现已经被公认为是通向理解心理学关键问题显著新方法的切入口，例如我们理解和同情他人行为的精细能力，但更普遍的是我们的头脑与环境相联系的方式。里佐拉蒂的发现表明，我们的大脑是建立在为理解他人，也许特别是感受他人，而在自己行为模式中模仿他人的方式之上的。例如大脑成像的研究表明，当我们看到有人的面部表情表现出某种情绪时，我们用来产生同样的情绪的大脑区域也会变得活跃。好像表明为了跨越空间边界来理解别人在想什么，我们必须镜像反映他们的表现来感受他们的感觉。此外，那些整体情感表达方面有脑损伤的人在对他人的情感表达方面也存在认知困难。这样的镜像神经元系统似乎为我们提供了一种突破壁垒去与他人(甚至是其他类型的物体)建立扩大的联系的方法。在橡胶手错觉中，将一个模型手近距离放在参与者身边，用一个感应程序让参与者将模型当作自己身体的延伸来看待。感应程序包括他们在观察到实验者在轻拍模型手的同时，自己的手也被拍打。很快,参与者就会开始感觉这只陌生的手是属于他们自己的。例如,当实验者用锤子敲打橡胶手的时候,他们会有强烈的生理反应,让人想到这个锤子可能即将砸到自己的肉。⑤类似的事情在被称为“模拟出窍”的实验中也被观察到:参与者可以通过一个他们自己的投射图像远距离观察到他们自己,这个图像是来自于观察者给他们戴上的虚拟现实头盔上的相机。通过与橡胶手错觉中类似的感应程序,让一个人在身体之外发展出感觉变成了可能的体验。⑥当我第一次了解这些实验时,我在我自己的虚拟现实实验室中设置了一些现象示范。这个实验是个很好的宣传,创造了一种怪异和困难去描述远离一个人身体的感觉。这给了我很大的乐趣去观察我的部门主席——一个狂热的参与者,当我用木棒戳他的时候,他就戴着虚拟现实头盔躺在地板上。

类似的现象在一些不太离奇的情境中发生,这些现象中大脑很快地重新映射出身体⑦空间以及附近的设备。我们日常使用的包括鼠标在内的各种日常科技设备并非不可能源于这种对身体空间的边界感知的快速重新投射。

总结说来,我所描述的镜像神经系统和实验是想表明我们的大脑拥有强大和有高度的可塑机制,通过这个机制可以超越我们身体的外壁与任何其他属于我们界限的人和物之间的界限。这一系统不仅巩固了我们使用不同种类技术的能力,从铅笔刀到触摸屏,而且也表明实例化一个身体状态如面部表情,即使是隐蔽的,可能是我们能和别人分享我们感受的最主要方式。

女人奇妙的姿态,冷淡的关系和摇晃的基础

在最近的一次 TED 病毒演讲中,社会心理学家埃米·卡迪阐述了她对身体语言的研究,显示我们的姿势不仅影响我们的心情,而且影响我们身体的化学水平。她的研究表明,被要求摆“能量姿势”以像神奇女侠一样的模仿超级英雄的参与者在模拟面试中表现得更好,他们更倾向于冒险,甚至仅仅 2 分钟的“伪装”之后就出现了明显的睾丸激素

水平增加和应激激素皮质醇的水平的降低。这个发现只是最近表明我们的行动和姿势是与我们的思想、情绪和行为整体相连的大量报告的其中之一。⑧一份报告表明,凝视手机所感受到的支配感比挺直背坐着看一个更大的笔记本或平板电脑屏幕小。⑨另一份报告则表明,拿着一杯热饮会让我们更加有亲和力且友好。⑩还有一项研究表明,坐在摇晃的椅子上的参与者更有可能把他们最近的亲密关系评价为不稳固的。⑪总的来说,这些发现已经超过了简单的实验室好奇心。换句话说,尽管传统思维也许认为因为快乐所以我们才微笑,但这些具体化的发现认为反过来,因为微笑,我们会感到快乐(事实上,这个精确的影响已经被在控制研究中被记录)。

鉴于我们现在已经知道了最早由贾科莫·里佐拉蒂提出的镜像神经元系统,这样的调查是有意义的,且很好地适应了一种脑组织能显现卓越的身体状态的观点。因为我们做了,所以我们感觉到。通过创造情绪状态影响的身体模拟,无论是因为我们从旁观角度观察到了它们,还是因为我们受到了实验者的指引,我们同时体验到自身的现象学状态以及广泛伴随的生理、化学和激素水平的变化。

这样的影响如何延展到我们与建筑物构建的关系之中的呢?以柏林大屠杀纪念碑为例。从外表看来,这个装置朴实且毫无特色。它不过是由一系列的黑色混凝土块,按不同大小且彼此分开的不规则网格状的狭窄人行道组成的。砖块的高度不同且被放置在轻轻起伏的地面上。观察者是不能独立地察觉到纪念碑的力量的,只有当一个人走进这些网格中并走动时,那力量才会变得明显。当我和妻子参观纪念馆之时,我们在网格之外坐了几分钟,试图苦思出它的意义。然后我们出发去探索它的内部运作。人行道太窄了,使我们无法并肩而行,我们很快分开了,只能在行走途中不时地短暂瞥见彼此。当我们到达人行道的十字路口时,我们能透过狭长的、空荡的走廊看到所有通向纪念碑外面的道路,把我们的目光定格在站在建筑物之外遥远的旁观者之上。在遮蔽我们对外界的视线的砖块中的迷失方向感,与他人分开的失落感,以及通过长长的未被遮挡的路径偶尔的视觉穿透,都产生了一组强大的感觉:恐惧、焦虑、悲伤和孤独。这个纪念碑的设计者彼得·艾森曼想要建造一座与二战期间被迫害的犹太人所经历的小而有力的情感回音共鸣的建筑。他做到了这一点，通过一种只有通过实施才能体验到其力量的方式。融入环境中、在其中穿行并且迷路的人，只有当他这样做了，那种悲伤和恐惧才是明显且有说服力的。

艾森曼的纪念碑更是一座故意设计的作品，来激发游客的情绪反应，为了让人们纪念失去生命的遇难者。纪念碑帮助我们铭记和默哀，从前文我们知道建筑的力量从我们身上激发出这样的本能反应是很平常的。无论是有意为之还是偶然，建筑通过让我们做来让我们感觉，这种方法与通过模仿一个蹒跚学步的小孩的幸福笑容带给我们的好感觉并没有本质的不同。这些联结被深深地记录在我们的神经系统回路中，最初是设计来让我们能彼此分享经验且适应性地回应自然环境带来的风险和机会。

美化了的世界

千百年来，传统的墙壁都是一个通过设计来影响人类行为的令人完全满意的方式。墙壁限制了行动且封闭了观点。它们提供了隐私和保护。事实上，约翰·洛克在他的《偷听：一段亲密历史》一书中提出，当我们从小小的农业定居点搬到较大的村庄，最后又到太难追踪谁正在对谁做什么的城市时，墙壁的设计是用来保护我们，使我们远离必须跟踪陌生人的活动而产生的认知负荷的。⑫墙壁强化了，或者甚至可以说是创建了社会习俗和文化规范。家庭专用睡眠空间的创造改变了我们对性的看法。传统的穆斯林家庭，甚至是街景画都具体化了关于性别和代际划分的信念。直到一个世纪之前，人们仅仅通过考虑产生于墙面建设中空间容器的几何形状和外观就能解释几乎所有建筑环境设计的心理影响。

但是现在，我们与在很多重要方面导致木墙被废弃的建筑空间的互相影响经历了一个戏剧性的变化。这一变化的开端有古老的起源，电信技术，例如电话、收音机和电视最早让我们彼此间或多或少突如其来的，但彼此又不在对方直线凝视范围内的联系变成了可能。大众传播为我们与完全陌生的人分享经验提供了机会，尽管这种分享常常是匿名的、单向的，就像当数千人甚至数百万人同时收看同一个受欢迎的节目或体育赛事。但现在这些技术与一个新兴的世界比起来显得很古朴，这个世界中我们中大多数人都带着智能手机行走，这些手机持续追踪我们的位置和行动，且允许我们与其他使用同一设备的人自由沟通。我们的手机不仅给了我们连续不断地与他人以及庞大的信息数据库连接的能力，同时这些设备提供的联系是双向的。当我们走在熟悉的路径或者循着新的路线行进，我们的设备正在向地球其他地方发送信息，大多数信息是非常容易得到的。我们装着能够传递我们的位置和活动的应用程序，甚至是通过一些健身附件来传递我们的健康信息。我们是个人信息的移动指向标。突然间，我们无处不在地传播着我们是谁，如何感觉以及在做什么。

可是，这不仅仅是用我们的行动和思想数据来填充电波的现代移动电话所创造的奇迹。建筑世界渐渐充满了感应器。监控摄像机已经存在多年，但现在它们与能够衡量我们的面部表情、目光、心脏和呼吸速率模式，以及我们的体温的科技相结合。蓬勃发展的物联网⑬通过海量的电子信息串持续地观察、测量和调整人类与他们的日常设备之间的关系，与各种设备和结构联结起来，从家庭恒温系统，到交通控制设备和公共交通售票系统。

最新的可穿戴计算设备的更迭，且可能是所有对我们日常生活与地方的关系影响最深远的类型，是戴在我们眼前的设备。人类大多都是视觉动物。虽然其他感官帮助我们去感受一个地方并与一个地方连接，但是只有目光注视才能最有力地定义一个建筑空间的边界。我们能看到什么和谁，以及如何推断自己与别人间的能见度是我们在建筑环境中行为的最重要决定因素。正因为如此，谷歌眼镜不只是一个便携式计算机接口的新颖形式，而且更是一种侵入最原始连接的科技的开始。在其目前的形式中，谷歌眼镜不只是一种仅通过眼球运动就能让我们获得关于我们环境源源不断的展示的头戴显示屏。同时，与一个对我们视野更完整的数字覆盖，让我们能追踪我们的行动并根据我们的所见而即时更新的设备相比，它的确只差一步之遥。如此增强的联系已经在环境研究中应用了很长一段时间了，这种方式的一些基本形式甚至对智能手机的用户也是可用的。这种技术上的全渗透，至少从视觉感觉上来说，让很多传统建筑原则过时了。正如麻省理工学院视觉媒体实验室的约瑟夫·帕拉迪索所描述的，“一切都是可以呈现的。也许无论你看到了什么，光子会直接地描绘上你的视网膜。环境会结合你生理上真的看到的和一些虚拟的东西。”⑭

电子墙的能量（也可能是危险），不像石墙需要多年的计划和完成，光子墙能够迅速地建造和重建。不仅如此，这些墙还可以被个性化完成。即使给定了正确的信息，你我将完全可能居住在同一个物理空间却能看到完全不同的风景，一个是基于我们的个性、喜好，也许有些嘲讽意味的是，基于我们的采购历史。我们每个人真的生存在一个个性化的世界。我们所看到的以及我们如何应对日常感官活动，一直受制于我们独特的历史。但是当那些历史变为一本开放的书，作为技术供应者进行输入，遮蔽了我们的双眼时，那么历史将会让我们陷入困境。比起成为经历恢复和新奇的无穷的来源，我们的世界运行的风险无非是变成一系列基于有些像我们的浏览器历史的东西的自我强化的反馈循环系统。

未来的路

为了避免我听起来像一个勒德分子，我必须说明我并不渴望回到我们人类围坐在露天篝火旁，不断密切地注视着别人，且把我们仅有的财产全都排列在我们面前的时代。我非常偏好高科技，通常都是最早接纳新科技的人，但我从没想到不同种类不同领域的技术让我们的生活变得如此便捷且发达。我还可以想象很多融合了真实和虚拟世界的设计的新科技应用的许多方法，为响应环境创新带来了令人兴奋的前景，以提高老年人、体弱者和无依无靠者的生活水平。通过充分披露，我还应该指出我已经在前面描述过的那些发展类型会变得明显，包括移动数据的收集、生物测量的嵌入式传感器网络，还有虚拟的和增强的现实，代表我所做的这种研究的科学家们丰富的数据也将在这本书中描述。简单来说,这些工具允许像我这样的科学家发展出一种更丰富且完整的,对我们生活的物理环境如何影响我们所做的每一件事的理解。

同时,我对这种科技的热情和改变我们与环境联系方式的可能性,受到了潜在的滥用意识的调和。对认知神经科学的增强的理解,以及快速收集和分析领域内个人行为信息的巨大的新机遇,提供了前所未有的机会去获取大量的数据,有效地加入大脑中,完整地重塑我们与我们为自己建造的世界之间的关系。再没有比我们现在已知的支撑我们如此多行动的精神状态更加敏锐的情绪与感觉了。

与其说本书是想警告我们远离科技,退化回去以避免上述风险,我认为倒不如说本书想要尝试为我们绘制出眼前的世界。面对似乎已经渗透了我们生活的点点滴滴的任何伟大的科学进步,我们一个更好的策略是用知识武装我们自己,且希望智慧的追随。

第一章 自然之地

内地的故事

职业生涯早期，由于一些冲动性的决策和一点儿运气(那时我不确定它是好是坏)，我在一个有教养的神经科学家林赛·艾特肯的公司中找到了自我，跌跌撞撞地迷失在了澳大利亚内陆。我们紧张地在坚韧的刺草中通过，因被告知的潜伏在那儿的东西而害怕得抽搐，想着鳄鱼，时刻警惕着蛇，仔细遵从着我们从前的向导——一位年长的，经验丰富的生物学家约翰·纳尔逊的模糊脚印的指引，他以40年的灌木丛行走经验，在我们前面走出了拱形通道，像一只从一个狭窄的牢笼中欢快地跳出来的长耳大野兔。我们在茂密的灌木丛外面寻找一种叫做北部土著猫的动物，这是一种小型的有袋食肉动物，与袋獾有关系，它们被澳大利亚北部的当地农民不公平地看作为一种农业害虫。我们的工作是要困住一些这种生物，把它们带回数千里之外的基地墨尔本。

我承认那一刻我放在注意纳尔逊的亵渎神明的绰号和他看似与我们相悖的淘气的快乐上的精力要多于放在自然奇观上的。我可以很肯定地确认，生物本能的任何思想和暴露于自然中可能的舒缓和修复的效果甚至都不在我的“雷达”搜索范围内。就像其他的城市化人类可能的那样，我完全脱离了自己的原则——变得恐惧、迷茫且肾上腺素激升。尽管我衷心希望能注意自己的人身安全，我的注意力在断续的恐惧的目光中从一个地方弹到另一个地方。我怀疑树林里充满了威胁，但我也不知道要如何去防范它们。

当林赛和我红着脸，气喘吁吁地终于赶上了纳尔逊时，他正得意洋洋地站着，一只脚跷在树桩上，略微得意地笑着。他指着一个比我的腿还粗的，巨大的线圈状东西(我花了好一会儿时间才明白我正在盯着一条巨大的蛇)，说道："巨蟒，如果喜欢的话你可以拍张照。它正在睡觉呢。你看到你经过的鳄鱼了吗?"尽管他再三保证他从没有真的中断我们之间的联系，他能够听到我们莽撞地跌跌撞撞地跟在他身后，知道我们是相当安全的，但这些是我和林赛向他描述我们的感受之前的情况。

我描述的是一个倒霉的现代城市人类冒险进入真正的野生环境的极端例子，但强调了一个关于人类情境有趣而重要的事实：我们为自己建造了一个环境，它如此远离我们的身体和灵魂，以至于当我们大多数人沉浸在这样的野生环境中时，发现几乎所有我们通常用来规范与地方的互动的机制都变得无用。我们不知道如何行动，要到哪里去，甚至去哪里寻找。

尽管身处远离最初塑造我们的自然条件的现代国家中，我们大多数人仍然渴望与大自然接触，虽然这也许要比我在澳大利亚北部地区的经历温和。我们天生会被地方的元素吸引，对我们的祖先来说，这造成了生和死的区别。最昂贵的房地产通常坐落在山顶或者两侧有峭壁面临广阔的水的地方。即使在城市里，我们仍非常重视自然世界的特权观点。当我们参观新的城市时，我们自然而然地会被广场或花园的青翠所吸引。例如，在温哥华，一个优雅且泰然自若地坐落在洛基山脉以东和太平洋以西之间的城市，城市房地产开发商被法律要求避免阻断山和海的景观，以更好地观察神圣的自然连接。在科技世界，从德克萨斯州的农工研究员罗杰·乌尔里希划时代的发现开始——即比起那些只能看到砖块和灰浆的病人来说，①能够从床上看到一些草和树木的病人恢复得更快，且需要较少的药物治疗。过去30年来雪崩般的发现已经为我们大多数人内心深处感觉到的真理提供了证据支持，即自然可以抚慰、鼓励和恢复。如果这是真的的话，就表明尽管普通的城市居民不太熟悉自然环境的语法和词汇，但我们仍然拥有一些深刻的、原始的与塑造我们种族的环境种类之间的联系的微弱模仿。我们将看到这些模仿深深印刻在我们的身体和神经系统中。它们总塑造我们在地方的运动中，在我们对特定地点的吸引和排斥力中，在我们的感觉、压力水平中，甚至是我们的免疫系统功能中起作用。

栖息地选择的生物学

动物如何选择特定栖息地是生物学最基本和重要的问题之一，有成千上万的研究致力于解决这个问题。选择有利于觅食、躲避捕食者且配偶可能性大的环境的能力，是生物成功的最重要决定因素之一，这种成功是以生殖年龄和繁衍后代的生存能力衡量的。许多研究表明，动物不仅有足够的能力去寻找能够获取生命必需品的最佳可能位置，而且它们还能够预测某一环境将如何来满足它们未来的需求。例如黑颈绿莺，这种住在北美东部云衫森林的中小型鸣禽，在初夏之际会优先在红云杉林中建立领地，尽管这些树木提供的食物比毗邻的白云杉树要少。但是当巢建好后，饥饿的雏鸟需要食粮之时，在红云杉林中觅食更加容易。不知何故，莺一直被指引着去向比它们过去的栖息地更能够满足其未来哺育需求的定居地点。② 毫无意外的，很多对栖息地的研究都关注筑巢鸟类。建筑一个巢需要相当大的努力，为了度过繁殖季的那段时期，保持鸟巢的稳定和安全是非常重要的。鸟巢将为未来的一段时间提供相当多的资源，且这些资源对后代的生存是非常关键的。对很多其他动物而言，栖息地的选择会稍微简单一点。如果居住位置不能提供好的粮食，它们会简单地搬去草木更加茂盛的牧场，像驼鹿和北美驯鹿会沿着冰冻线寻找可食用的苔藓。

尽管有充足的证据表明，动物在选择栖息地时能够考虑广泛的环境变量，但我们对动物真实的栖息地选择机制其实知之甚少。是什么提示处于具体感知运动认知水平的黑颈莺去选择红杉木林呢？它们为什么偏爱这种环境？我们对引起动物选择特定的居住、休息、筑窝栖息的地点的精确机制的直接知识的缺乏的一个很重要原因就是，我们很难详尽地看到一个动物的思想。实验室研究往往集中于环境表象非常简单的变量，并通过让动物在面临给定的选择时在某一个地点所花费的时间来体现动物的偏好。例如对一种人们更乐于称呼为肝鱼的热带鱼(在《都市词典》③中也被定义为"非常凶猛的激进的生物")的实验显示,水族馆环境中的动物们更愿意在有遮蔽物的阴影中休息,而不是在更深或者更开放的地方。④对不同种类的变色蜥蜴的实验表明,它们在出发去寻找一块有利的绿地前,会爬上杆子仔细观察周围的环境。⑤尽管这些实验让我们更近一步地理解了引导栖息地选择的机制,但是用它们来解释动物们为什么去它们所在的地方是有点牵强的。

人类栖息地的选择

令人有些惊讶的是考虑到人类生存和繁衍的地域的广泛范围,一些最好的关于引导人类栖息地选择的机制的证据来自于对人类的实验。一部分原因是这些实验更容易进行,无论是探测人类内在精神状态,还是使用一系列不同的工具,从简单的自我评估(又名"问问他们!")到测量面对不同类型的地方时个人生理状态的变化方式。

自古以来,人类对特定类型的自然风景的偏好就吸引了广泛范围内的专家们的兴趣。哲学家、艺术家、地理学家、园林建筑师和心理学家们都参与了进来。美国地理学家杰伊·阿普顿在他的权威著作《景观的经验》中整合并集中了这些早期的兴趣。⑥他将对鸟、蜥蜴和很多其他生物的栖息地选择的生物学研究作为出发点。阿普顿认为德国生态学家尼古·廷伯根关于动物栖息地选择中的关键因素"是去看而不是被看"的论点是具有重要意义的。同时从捕猎者和被捕者的角度考虑,能够在逃跑时自我觉察,知道附近有什么东西的话优势是非常明显的。阿普顿主张我们人类和其他动物间进化的连续性,他认为相同的基本原则(在他的论述中修改为景色和庇护的概念)或许会有助于解释我们对特定类型的自然景观的审美偏好。某种程度上来说,阿普顿所讲的正是我之前所讲的生物学研究中缺失的部分环节。也许莺、变色蜥蜴和肝鱼喜欢它们能适应的栖息地,因为这样做的感觉的确很好。阿普顿的观点隐含的意思是,尽管有如此多的现代建筑发明,人类仍然对地方产生自然冲动的回应,虽然很多环境突发事件与这些冲动之间的联系已经永远失效了。毕竟,我们不是很可能在高尔夫球场上遇到一个致命的敌人或者一个危险的捕食者，但是高尔夫球场向景色和庇护的原则致敬的艺术设计是我们为什么如此喜欢置身于这样的环境中的原因之一，哪怕我们要花一个早晨的时间被一个小白球惩罚。有些人甚至认为，常年流行的弗兰克·劳埃德·赖特的设计，尤其是他在国内的设计，离不开他对景色和庇护的几何学在塑造人类的安慰之中所扮演的重要角色的卓越、直观的理解。⑦

阿普顿对景色和庇护的描述有助于激发出在很多领域我们对某种风景的偏好的生物学和进化学基础的兴趣，从美学到园林设计和室内设计。在他的作品之后，数以百计的实验证实了这个空间维度在决定我们想去看和我们喜欢的地方中的重要性。但是并不需要一个复杂的实验室实验来验证阿普顿的说法的真实性。我们不经意的一瞥就会发现几乎所有的公共空间都在诉说这个事实。在欧洲古老的大型公共广场上，人们最常坐着放松的是空间的边缘，而不是中央。在酒吧和餐厅这些人们能够自由选择座位的地方，环绕在空间四周的桌椅相比于中间的桌椅来说会更早地被坐满。即使是在虚拟现实中进行模拟的生成空间里，面对着只有艺术画廊中能见到的空白墙面，人们仍然会表现出明显的位置偏好，即为自己创造最好的可以观察的机会而非被人察觉。⑧我们类似的对这种地点的偏爱对我们很有意义——每个人都知道我们在这种地方感到更加舒适——但是在功能层面上，我们对那些有利于捕猎而非被猎杀的地点的偏好已经打破了日常生活中突发事件的平衡。事实上，我们处于广场的边缘并不比处于广场中央更安全，甚至可以说在一个以人为中心的环境，比如在公共广场中，一个人在环境的中央可以看到更多他人的活动，因此我们应该更想要待在这些地方才对。这才是阿普顿的主要观点的真正重要性所在，即对景观的偏好可以理解为对一系列在大多数情况下与我们的现在日常生活毫无关联的风险或者收益的原始响应。

带上两棵树，在早晨叫醒我

我们在直觉层次上对某些特定的环境形状的偏好是很容易理解

的，但其他强调古老的适应性行为在现代行为上的印记的证据则并不明显。例如在环境偏好的实验室研究中，一些研究者发现了人们对类似于东非大草原的风景的惊人偏好。⑨我们喜欢以散团状出现的树木，希望树木是广阔、低矮、树干粗壮的，就像是在非洲常见的合欢树。我们对这种环境的偏好似乎是没有文化起源的。虽然我所描述的听起来很像是西方人眼中非常熟悉的传统的英国景观设计，所以有人可能会认为偏好受到了过去的经验的影响，但对住在不同类型环境中的参与者进行的跨文化实验，包括尼日利亚的热带雨林和澳大利亚沙漠草原这些环境，都显示出了对相似的大草原环境的强烈的偏好。⑩根据建立在这些调查结果上的"大草原假设"表明，我们对所有人类起源的东非土著人群体的环境种类有着天生的偏好。这种偏好让早期的人类被草原环境所吸引，面对正在发生的气候变化，会对响应号召的个体传达出选择性进化优势。正如阿普顿的景色与庇护的理论所认为的，我们对草原环境的偏好表明我们偏好的居住地是基因所设定好的，在 70000 年前，它们就已经能增加我们生存的可能性。但与阿普顿认为必须去做一个能看见而非被看见的广泛的几何形状的观点所不同的是，我们对树木的外观和布置的偏好，让我们超越了简单的空间思维而进入了对颜色、纹理和形状的思维领域。

近来，要阻止滔滔不绝的媒体对恢复自然价值的报道是很困难的。尽管它们通常集中注意于森林而非树木，但是这些报道也是基于大量的表明当我们置身于任何一种自然图像面前，即使是约翰·康斯特布尔所画的可爱的山水画面前时，都会对我们的身体和思想产生令人印象深刻的影响。如前所述，这种观点的早期的一个关键性证据来自于罗杰·乌尔里克关于在医院接受了胆囊手术的病人的复原率的研究。乌尔里克发现能从窗口看到自然风光的病人比起那些只能看到砖和墙的病人感觉更好且恢复更快。但更进一步的证据表明，任何形式的简单的视图都能使人产生唤醒水平降低，心脏活动模式更健康，大脑活动模式更轻松，且在一系列积极倾向的心理测试中获得更高分数的效果。不仅如此，似乎当我们沉浸在自然风光中时，我们的认知系统的运行也会有所不同。眼动实验的结果表明，我们在看到自然风景时的眼动状态与看到都市场景时是不同的。看自然风景时，我们的注视时间倾向于更短，眼睛更快速地从一处向另一处移动，我们的注意力似乎是非常轻松愉快地从一处转向另一处的，而不需要像在观察城市环境时那样要对一些小细节进行过分注视。⑪这些差异促使心理学家斯蒂芬和雷切尔·卡普兰提出他们的注意力恢复理论。在《大自然的体验：从心理学的角度来看》⑫一书中，卡普兰认为，我们被要求直接注意一些要求我们细心关注的日常任务，从完成办公室的常规任务到作为一个路人在交叉路口谈判。他们认为这样的任务是需要努力的，而且随着时间的推移这些任务会耗尽我们的认知资源。当我们从日常环境中抽离而走出去接触自然环境之时，比如说你可以想象在一片树林中散步，我们便从需要努力的注意中解放出来，我们可以在一种轻松的、不随意注意的状态中被我们周围环境的细节吸引而入迷。这样我们的精力就得到了填补和恢复，在我们回到现代文明生活的战场上时能有一个高昂的情绪、放松的精神和较高的专注度与参与度。

但是并不仅仅只有我们的心情和思维能力会受到置身于自然的影响。弗朗辛·郭和威廉·沙利文⑬在植被丰富的市中心社区进行了具有里程碑意义的实验，许多不同的研究已经表明，住在更为绿色的环境中的人们会感到更快乐和安全。事实证明，那些快乐和安全的感觉可能是合理的，因为一些很好地控制了地域因素的研究表明，更绿色的社区的不文明现象率和犯罪率都比较低。居住在绿色环境中的人们能有更多的交谈，了解彼此，享受高度的社会凝聚力，这不仅让他们少得某些精神疾病，更让他们不太可能会犯一些小罪。所有这些研究结果都表明，尽管与它们起源相关的那些进化因素不能再引导人们做出明智的居住地选择，但这些对环境最基本的原始响应会产生重大的心理影响，其影响到了犯罪率、宜居性和城市环境的幸福感等各种方面。

大自然的数学

现在有如山的证据表明，人置身于自然风景之中会产生很多有利影响，从精神和身体都会更加健康，还有助于提高邻里关系和对居住环境的幸福感、安全感。阿普顿和卡普兰等人的工作表明,我们天生就想寻找这样的环境,也许是因为这些环境能把我们带回那个能很好地促进我们成长和养育后代的树木和草地围绕的年代,但是我们仍然要去了解究竟是什么产生了这样的效应,以及哪些大脑回路与吸引我们去寻求绿色牧场有关。

有一种想法认为,我们的大脑程式尝试着寻找一些自然场景的深刻的数学结构。一些人认为自然风景对我们的吸引力与它的分形性质有关。为了理解什么是分形,先来看一个蕨叶状体。叶的形状可以从很多尺度来考虑——开始首先是一个完整的植物枝干,逐渐地递减到微小个体的"小叶"水平上。但是如果你仔细地看看包含在植物中的形状,会发现在从大到小的每一个水平上你看的基础形状都是被一遍一遍地重复的。这就是所谓的相似性,或者更规范的说法是尺度不变性。我们可以在自然的许多不同方面看到尺度不变性——想想树的分枝模式,或者甚至是海岸线的形状——这也可以在人类身上看到,如在建筑和艺术上的建构。实际上,杰克逊·波洛克的画作尽管看起来仅仅只是一些线条和飞溅的色彩的随机的组合,但是从数学规则来看,则显示出了潜藏的强大的分形性质。⑭

本质上分形的视觉场景的程度是可以用任何一种能够产生被称为场景分形维度的数字的数学程式来测量的。要精确了解如何解释一个给定的分形维度会给我们带来一些复杂的数学问题,但是思考这个数字的方法首先是要思考简单的几何对象的维数。一条线有一个维度。一个面有两个维度。一个球体有三个维度。场景的分形维度位于数字1和2之间,表明他们既不是一维的也不是二维的几何对象。事实上,"分形"这个名称是为了传达分形维度是位于整数之间的性质。尽管这也许看起来有点匪夷所思,真正的意味是分形对象违反了一些传统的非分形几何的规则。波兰数学家贝努瓦·曼德尔布罗特在对分形维度的原始构想中认为,一个人可能会使用木棒来测量参差不齐的海岸线的长度。由于包含了大量的详细的曲线和角度的数据,所测得的海岸线的长度将取决于木棒的长度。当木棒变得越来越短时,海岸线的长度则看起来越来越长。分形维度描述了测量木棒的长度与测量海岸线的长度之间的关系。如果海岸线恰巧是一个完美的直线，它的分形维度就是1，所以那根本不是一个真正的分形。

使用类似于在一幅图上摆上不同大小的测量棒的数学工具，能测得一幅图像上的分形维数特征的数字。当这些工具被应用于自然场景之中时，测得的分形维数值常常介于1.3和1.5之间。有趣的是，一些使用大量自然场景和另一些使用人工图像（不规则艺术、抽象图案，甚至是杰克逊·波洛克的画）的心理学研究表明，人们偏好于去看那些已经几乎近似于自然中发现的分形维数幅度的图像。这种图像的分形性质与我们对之偏好间的一致性，甚至一些情况下与我们对这样的图像的生理反应，类似于对自然风景的恢复性反应，之间的一致性，引发了大脑是通过数学性质的方式来认知自然的想法。⑮

这种认为自然对我们的吸引力的理由是基于分形数学的想法是有一定的吸引力的。一方面，分形维度是一种很容易量化的性质（尽管科学家们对测量它的准确方法的争论还不可避免）。另外，基于数学的自然的吸引力的理论是非常优雅的，而且它还能被用于设想任何场景对我们的吸引力，无论它是否包含自然的客体。另一方面，尽管对处理视觉世界信息的大脑区域的生理性质已经进行了多年深入全面的调查，但是从未有过任何一个类似于"分形探测器"的报告。所以尽管分形思想很有吸引力，但是由于大脑如何检测分形性质的重要理论的缺乏，分形思想还缺乏生物学依据。

为了应对这个严重的问题，我的一个研究生Deltcho Valtchanov开始了一个有点不同的方向的研究——仍然专注于也许被用于预测图像对我们的吸引力的数学特性，但是他想寻找某种关注处理视觉信息的神经通路的属性。Deltcho不必想得太远。另一种描述图像的方法与它们的空间属性有关。想理解这一点最简单的方法是首先意识到任何图像都是由一组线条和不同宽度及对比度的轮廓组成的。我通过这个真正想表达的是，大多数真实东西的图像（不是在视觉感知实验室中联想出的奇怪的图片）包含着大的点状的轮廓（想象一个严重模糊不清的照片，比如说一个只显示低频图像轮廓的图像）和非常精细的轮廓（想象一个包含了很多密集细纹的精巧细致的伦勃朗蚀刻）。每一幅图像包含一个广泛的从非常微小的到点状大的不同种类的轮廓,而且它是由这样的轮廓的比例混合,最后才让图像有了最终的外观形象。事实上,这个叙述的数学基础已经证明了我们可以明智地整合完全抽象光影的图案和不同厚度与对比的暗条纹。

事实证明,我们的视觉系统充斥着旨在解决这些细节的神经系统。从视网膜到上层的视觉皮质的视觉系统的各级细胞被特别调整以寻找一个特定大小的轮廓分辨率,且这些特别的调节细胞的混合是可以在区域间变化的。这对埋藏在图像不同级别的细节中的不同种类的信息来说很有意义,且不同的大脑区域负责解决不同种类的信息。

Valtchanov 想知道在图片中发现的完整的轮廓类型(叫作图片的功率谱)也许与我们的偏好模式无关。他为了探索这个问题,通过使用图像处理软件如 Adobe Photoshop 收集了大量的不同种类的图片和它们功率谱的数据。然后他向我们实验室的参与者展示了这些图片,让他们做出偏好选择。令人吃惊的是,他发现一张图片的功率谱能强有力地预测图像偏好,哪怕图片被分解到一个几乎认不出来的点。更加有趣的是,他发现一幅图的功率谱可以预测我们多大可能会看着它,甚至在不包含任何自然风光,只有城市街景的图片的比较中也是这样。⑯

Valtchanov 关于人类偏好轮廓的理论与分形理论有一些相似的优点,都是基于图像的数学特性,所以能用来对我们的喜好做出强有力的预测。但是 Deltcho 的想法具有更大的优势,他使用的数学特性使得他的预言有了强大的生物学依据。我们已经知道 20 世纪 60 年代以来,视觉系统中很多细胞拥有很厚的轮廓(因为让我们远离常走的路的缘故,在科学文献中它被称为空间频率)。不仅如此,Valtchanov 提出的可能是场景偏好与视觉场景的基本数学特性之间联系中缺失环节的空间频率的概念,与视知觉研究中表明图像的功率谱是我们快速认知不同种类场景的基本特性的能力的关键因素的研究结果是一致的。场景知觉的实验表明,我们可以在一个非常短的时间内提取出一个场景的"要点",无论是杂乱的森林、空旷的海滩或者是一个繁忙的街区中,只需要 20 毫秒,换句话说比眨眼的时间还快⑰。这种对要点的快速提取是得到了与图像功率谱相关的视觉处理机制支持的。

大自然偏好住在大脑的哪个区域?

场景偏好相关的最重要的大脑视觉处理区域仍然还是个悬而未决的问题,但最近的脑成像研究表明,大脑颞叶有一个区域,被称作海马旁区域或者 PPA,处于处理复杂的客体视觉信息的其他区域的集群之中。PPA 对场景非常感兴趣——采集自然场景中的客体,就好像它们发生在现实世界中一样。这些区域里的细胞有一些有趣的特性。首先,它们看起来对附件的性质非常敏感——也许直接指向我们对阿普顿的庇护的神经基础。但更重要的是我们现在的目的,PPA 最满意那些包含了 Valtchano 认为的大多数人类偏好的预测的范围中强大的空间频率比例的场景。

除了蛋糕上的糖衣,PPA 还有另一个有趣的属性使它成为了控制我们对场景情绪反应的控制回路总部的强有力的候选,也许我们对生物机制的理解中缺失环节的长时间追求潜藏在人们对居住地的选择之中。大脑的这一区域通常富含阿片受体。这些神经受体与控制我们痛觉的大脑机制很有关联且具有天然的止痛效果,例如"跑步者的愉悦感"很大程度也是大脑的奖赏通路的代表。在神经层面上,当有让我们开心的事情发生时,无论是一顿美食,与情人嬉戏打闹或者是注射了海洛因等毒品,都是对我们大脑的阿片受体的激活。这种表面上参与了视觉场景信息处理的受体在大脑中某个部位的存在是非常令人信服的证据,让我们相信我们在探索产生愉快反应的途径是正确的。⑱

模拟自然

当我们开始对自然的心理影响进行实验时,我们的目标是试图找出自然场景吸引我们的潜在基础。尽管我认为在这方面我们已经取得了一些进展,但我们仍有其他渴望。面对能在大屏幕上呈现场景的新技术,以及前所未有的让那些场景在某种程度上互动的新机遇的出现,我们想象也许能够以某种方式探索出其中奥秘，找到不需要图片中有任何自然元素就能够产生强大的恢复效果的方法。在我们早期的一些实验中，早在我们开始向参与者展示怪异、分解的自然或者城市图像之前，我们构建了一个虚拟现实的环境，以让人们产生仿佛在自然中引人入胜的、身临其境的感觉。戴着有小屏幕的且能回应观看者的每一步和每一次头旋转的耳机，我们能够将人们带到虚拟的雨林、丛林或者沙滩，且四周充满了视觉、声音，甚至在某些情况下还有大自然的味道，这一切如此令人信服，以至于我们的一些参与者忘记了他们所在的真正的空间——一间只有空家具、很多电脑和大量的电线的房间。在这些实验中，我们故意通过要求参与者回忆生活中不愉快的事情或者听工业噪音的时候做心算，让他们产生了较高的紧张水平。当我们把他们从紧张的情境中转移到一个愉悦的虚拟森林中时，他们的心理指数在10分钟内就飞快达到了积极值。而且自然场景要远比城市场景更有效果，所以这并不仅仅是我们看到的压力的释放，也不是简单的玩一些很酷的机器时候的新奇感。事实上，我们看到的效果要远比类似实验但通过让参与者沉浸在真的自然中让他们“恢复”的报告有效果。[19]我发现自己对这一发现很迷茫。一方面，我们在屏幕上使用像素复制修复效果的能力为我们提供了一个强大的工具，可以用来推进我们对效果的理解。但是另一方面，我担心(现在仍然)这些发现潜在向我们表明了真实的自然环境会被技术魔法所替代，特别是在城市里。如果我们不需要实物就能收获自然给心理带来的好处，那么我们为什么不完全抛弃它，继续城市的建设工作，用巨大的彩色屏幕作为建筑物外墙，通过管道制造瀑布和鸟鸣之声呢?

我当然可以想象复制自然的能力，以及它对个体心理的影响将是非常有利的。例如，想象一个因为某种疾病而不能进入自然环境中的人，一个坐在轮椅上上了年纪的孤独的人，一个得了重病无法自由地在森林小径上漫步的人，通过这个技术他们就能够享受一些大自然的恢复性效果。

还有其他一些特殊情况可能也非常适合这种技术干预的自然接触模拟。例如我的一个同事就开拓性地推动了自然的虚拟现实场景作为牙科手术中的一种镇痛的补充形式的使用。一些实验已经表明了沉浸在科技森林中对改善焦虑和痛苦都很有效果，有时这些也伴随着医疗程序。[20]美国的一家叫天空工厂的公司已开始出售包含自然摄影照片或者呈现高分辨率的动态自然场景的电影播放器的天窗。这些设备被安装在医院、化疗套房、医生办公室和其他能让经历了痛苦和压力过程的病人能够通过大自然的力量获得巨大的支持的地方。

或者想象有人住在一个被自然环境包围的超城市化的环境中，尽管一切很美丽，但是却可能给来休闲的旅客带来严重的风险。例如在马来西亚，像吉隆坡等很多城市都被茂密的森林环绕着，这极大丰富了人们与大自然交流的机会，但是旅客也必须面对有毒的爬行动物、昆虫以及少数强大的捕食者，它们可能会打破游客们散步时的宁静。就像我在澳大利亚北领地的亲身经历一样，由于缺乏对灌木丛中生命危险的正确的理解而影响了我的旅途。

最后，我并不是提倡用屏幕拟像来取代自然场景和城市环境中的树木，只是认为对这种治愈效果的原则的理解可以提供一种补充而非取代城市中自然元素的途径，这样能提高在人口密集的城市或者建筑物内部这些很难甚至不可能有自然元素的地方获得自然恢复体验的机会。

心理学家，同时也是作家的彼得·卡恩在他深刻的《技术的自然：适应人类的未来生活》[21]一书中讨论了这些观点，在他所进行的实验背景下调查了用各种技术创新取代自然的前景与局限性。例如在一项研究中，卡恩分别向研究参与者提供透过玻璃窗的花园场景和使用摄像头呈现与等离子屏幕上的完全相同的场景，且屏幕被安装在测试室墙壁上窗口的同一位置，对这二者的影响进行了比较。令人惊讶的是，卡恩报告说屏幕视图并没有产生任何恢复反应的生理迹象。在后续的研究中，卡恩表明当科技设备（同样的为固定在墙上的屏幕）被提供给没有窗户的办公室工人时，结果更加积极。被提供这样的屏幕的参与者报告说，他们非常享受使用它们来看自然风景，他们认为这些设备提高了他们办公室工作的质量，也提高了他们的生产力。

这些实验的最后分析表明，别无选择时我们能从模拟自然技术中找到心理支持，但当有真正的窗口可供选择时，屏幕替代设备只能对我们产生轻微的影响。我们很难准确知道究竟是什么导致了这些结果。一种可能性是基于科技的屏幕缺乏一些重要的属性。卡恩谈到了“时差”的性质，即我们透过窗户看到的东西与实物是略有不同的，而屏幕设备上看到的东西则没有视差，所以我们并不难发现它们不是真的。也有可能因为参与者知道他们所看到的图像并不是真实的自然场景，这在某种程度上使得场景的价值和意义被打了折扣，因而他们会较少表现出深层次的心理反应。在办公室内的该实验表明参与者有更积极的反应，可能是由于这些人习惯待在一个完全不可能处于自然中的情境里，所以他们有一个不同的基线反应，在相对有些暗淡的环境中的他们对屏幕视图更加敏感。

不管卡恩所报告的影响的最终解释是什么，但根据我的观点，至少有一些亲生物反应是基于纯粹的自然场景的视觉属性的，而且与许多表明图像、视频甚至是抽象不规则设计有些不同的是，他的研究提出了一种警告，即对任何提倡科技替代品取代自然场景的建议都应该非常慎重。的确，这种替换会产生一些仿佛沉浸在大自然中的影响，但这也许只有在没有其他备选方案的特殊情境才成立。

文明关注

关于科技和自然之间的关系还有一个远远超出显示技术的细节考虑范围的更深刻的问题需要回答。为了弄清这个问题的轮廓，我们要进一步考虑如何建立一个需要我们利用有限的认知资源进行日常竞争的现代世界。如果降低我们压力水平的自然认知产生了心理魅力、健康和快乐的注意力转移模式——这些都对我们非常有利，那我们为何牺牲它呢？我们为何要用它来交换呢？卡恩关于科技与自然的书中一开头就描述了以传统方式生活在布什喀拉哈里沙漠的人们艰难的生活。这些人忍受着极端气候和付出了难以想象的巨大努力，去追逐猎物或者长距离地用力拖可食用的根须，他们从未看到过广场、木制角落或者铺好的路和人行道。他们在何种意义上享受现代生活的优势呢？根据卡恩的观点，基于先锋人类学家劳伦斯和洛娜·马歇尔的女儿伊丽莎白·托马斯对布什人田园般的生活进行了探讨，他们的生活方式代表了有史以来最成功的文化。[22]他们在自然中"自由而野性"地生活，与一个提供给他们所需的一切的环境和平亲密地共处，而且作为一种文化存活了大概35000年。那么是什么改变了这一切？尽管完整的答案远远超出了我们所讨论的范围，但一些答案是与气候变化带来的居住地的改变模式以及农业的发展有关系。与布须曼人的小游牧部落不同，以种庄稼为食的田园定居者很快发现自己的定居点扩大且劳动力被用于基础设施建设中，这些使游牧变得不切实际。这些较大的、固定的人类组群带来了很多压力，包括新的社会设置、贸易、政治阶层以及根据刘易斯·芒福德在他的百科全书式的《一个城市的历史》[23]中所说的，大型定居点的居住者以一种"城堡"的姿态开始让自己处于与自然野性相反的防御位置。在几个世纪的过程中，这种对立带来了墙壁、城墙、工具和武器——换句话说，这使得与野外生活完全对立的城市环境繁荣起来，使得例如布须曼人的游牧狩猎文化的早期文化多样化。虽然从充满陌生人、人际冲突的大城市的发展中，最重要的是，从进一步让我们从早期人类的情境中分离的物理结构的发展中，我们不难看到逐渐远离自然的环境的足迹，但是其还有更多的意义。它比世界上第一批城市的发展年份要更晚。

这个故事有很多单独支线，一些涉及了我们思想观念组织的改变，但其他则涉及工业和机械化大规模生产。乔纳森·克拉里在他的《认知暂停：注意、景象和现代文化》[24]一书中带来了很多这样的支线。他在专著中第一次描述了随着科学心理学的产生和感官如何组织的观点的不断变化，科技领域正在发生的重要改变。知觉心理学和感官生理学的研究都开始显示在外部世界和对世界的内部心理表征之间存在一个比一般意义上所认为的要更为短暂的关系。虽然这在哲学界不是一个特别新的领域来区分感官领域与最终不可知的外部事实，但是来自新兴的认知心理学实验室的硬数据揭示了一个经验的事实，我们开始打消一个有时被叫做“朴素实在论”的概念——即我们仅仅能感觉我们感觉到的东西,因为那是在那里的东西——且采用一种人类感官是一个活跃的观察者,无论感觉器官告诉他们什么,都能构造出合理化的解释。这一重要的感受器角色转变的后果被认为远远超出了早期心理学家的与世隔绝的实验室研究。最重要的是,这意味着人类通过故意将事实拼凑成一个完整的故事,有意地形成了他们的感知世界——常常通过专注于他们感觉的某一方面而忽略另一些方面来实现——简单来说,就是通过关注。

与此同时,心理学工作开始彻底改革关于我们如何理解给我们感觉世界的观念,其他改变还有经济方面的,主要是产业化和大规模生产,改变了对工人的看法。当员工在工厂系统中越来越被当作商品来对待,他们的感知系统,尤其是他们使用这些系统来完成常规任务的能力也同样如此。换句话说,人类的关注能力也变得商品化。事实上,尽管我们可能错误地将托马斯·爱迪生灯泡的发明神话化了,但是他真正的天才之处在于他对于人类思维组织与大规模生产原则之间的重要联系的理解。既然爱迪生理解了灵敏而丰富的大规模工业电网,他不可能没有注意到科学原理在工人本身的合理应用会产生生产力优势。与之同样重要的是,他对媒体改变我们消费习惯的能力的理解。早在马歇尔·麦克卢汉㉕解放了我们对媒体塑造思想的能力的理解之前,爱迪生“活动照相机”的发明就成了现代移动照相技术的先驱,与他在其他种类的沟通科技的贡献一起,例如证券报价机,揭示了文本和图片的展现方式可以被用于塑造我们的故意行为和关注的观念的早期发展。通过对这些捕捉思想、影响生活叙事并创造强烈的消费欲望的科技的力量的利用,爱迪生开创了一种趋势的开端,且其影响力已经在过去两个世纪中广泛地扩大。

现在,哪怕面对着表明自然是有利于我们思想的大量证据,我们仍然把维持任务导向的激光束聚焦于活动,这有助于我们的生产力摆在最高溢价的位置。我们把在自然活动中的清新插曲当作一个从集中于生产和消费的“现实生活”中抽离的休息时间。我们的教育系统,尤其是思想是最为可塑的初级阶段的教育,几乎完全是基于同一个规则,即常规教育的目标是要产生一个能够在教室里静坐的，只关注一个活动的个体。难以做到这一点的孩子常常被孤立出来，归于病态，甚至还使用药物来改变他们的大脑功能来加强选择性注意。事实上，从幼儿园到大学演讲厅等各级教室的结构设计都旨在加强这种集中的、努力的直接注意但又很快衰竭的品质。

每种基于屏幕的科技，从时代广场巨大的电子广告牌到工作站、笔记本电脑、平板电脑和移动电话，都代表了技术的自然延续，它们被设计来吸引和俘虏人类最宝贵的认知资源——我们的注意力。但在有屏幕出现之前，与墙壁一样简单的建筑科技达到了同样的目的。通过隐藏或者显示世界的特定元素，墙壁也聚焦或者引导了我们的注意力。

考虑到这种情况，一个人可以看到很多现代环境设计的历史，从砖、砂浆、灰泥和窗户的安置开始，直到有力地改变了我们原本看世界方式的强大的人工窗户——电子屏幕的发展结束。我们注意力的自然习惯和那些我们在忙碌的生活中还在寻求的小小的新鲜时刻的习惯都被一种持久的、高度聚焦的选择性注意所取代，这种选择性注意既能帮助创造欲望，又能帮助我们满足这些欲望，但是最终会使我们精神枯竭。注意的科技已经让我们无法抵抗地远离了那种前技术社会，像是卡拉哈里沙漠的布须曼人所享受的遵循自然秩序的生活方式。相反，我们变成了一组被环境打磨出的神经机器，成为了最优的生产者和消费者。的确，有些讽刺的是，事实上我们现在看到的是将我们带入一种临时安全阀的原始野生环境，我们可以用它将自己从对消费者主义——我们更为复杂的物质欲望的创造和满足——的长期关注的认知后果中拯救出来。

鉴于这种作为一个现代人的意义的激进转变，也许最明显的事实是我们早期的起源已经印记在我们现在的感情、喜好和行为上，对它们产生了持续的影响。虽然我认为几乎没有人，当然包括我自己在内，会梦想着用荒野中野蛮而艰辛的生活来取代我们舒适的现代生活，但毫无疑问我们仍然渴望像美景和自然图这样能提高我们对回到距离我们几千年的环境中生存预期的东西。我们几乎能从生活的每个方面看到这些喜好的特点，从我们选择走与坐的地方，我们喜欢看的东西和我们如何去安排我们的生活，在塑造注意的强大技术的力量与真实和自然环境的恢复效果之间尽可能多地交替。并非任何其他单一因素，而是我们对自然的渴望构成了我们生活中心理地理学的结构。

第二章　情感之地

活的雕塑，热爱建筑

在这个安静的小蕨类植物森林的中心，我可以感受到自己心跳变缓、肌肉放松。在繁忙的高速公路上疯狂开车时脑海中那些断断续续的想法全都不见了，取而代之的是一种平静和满足感。我已经退回到自己内心的宁静中。我感觉在研究我们对自然环境的反应的科学家们的“术语”中，我是“远离”了我的常规生活。时间变慢了。在我沉浸于自然环境中时，我的眼睛开始毫不费力、欢快地掠过一个又一个地方，我为它而着迷。

我伸手触摸眼前的叶子，起初它有点蜷缩，但很快就主动伸出来触摸我。事情就开始变得奇怪了。这不是普通的森林！如果我推它，它会推回来；如果我退缩，它会好奇地向我移动来回应。这片森林似乎知道我在那里，我很容易想象到它其实知道一点儿我的感受。我对周围环境最初的专注开始于一些不太熟悉的东西。我的感情变得不确定、惊恐甚至有些威胁性的颤栗。当我穿过森林时，我习惯于被各种生命所包围——唱歌的鸟儿、鸣叫的昆虫和在风中自然摇曳的植物。但这个森林中所发生的事情是不一样的。一个人在森林中的存在被注意到并非不寻常的事情——因为鸟和昆虫能感知到人类的威胁，可能会停止它们的活动，但是在这个森林里，我感觉自己是关注的绝对焦点。森林对我的行动非常感兴趣且在意。我觉得自己暴露了，这个森林似乎认识我。

很显然,我所站的这个小森林完全是人造的。它处于多伦多郊区的一个美丽老房子的客厅里,是建筑师菲利普·比斯利的工作间。菲利普·比斯利是一位梦想创造者,他利用大量简单的微处理器和传感器,还有一些被称为"电阻丝"的,通过扩张和收缩来回应电流的特殊种类的线轴,用 3D 打印机设计出了这片蕨类植物林。这大规模精致的金银线丙烯酸花瓣是比斯利在很多国际展览上创造的一系列主要装置的小样本,包括 2010 年的威尼斯双年展,成千上万的游客在比斯雷的"有生命土壤"系列的几个不同巨型景观中漫步,经历了与我在他的工作室中所产生的同样的感觉。他的研究的反响极其轰动。他唤醒了游客亲密和联系的状态,比斯雷说自己的目的是要培育同情和关爱的感觉,但是为了它们构建为"某种意义上的交流空间,人与动物、石头之间的差异变得模糊起来。"①

我第一次见比斯利是几年前我去他工作室的时候。我参与了一个旨在使用新技术在社区诊所中测量感情和行为的项目寻找资金的挑战。我听说比斯利的建筑实践已经涉及了一些这样的诊所设计,所以在团队中另一名建筑师的要求下,我去询问比斯利是否要参加。当我约好了我们的第一次会面后,我与少数几个不同学科的专业人士坐在会议室里准备讨论战略。比斯利迟到了,他带着喜气洋洋的微笑和有感染力的活力与热情,意气风发地走进了房间,但是看起来像一个拿了很多东西的人一样,有点不平稳。因为我们大多数人互相不认识,所以我建议我们用一轮快速的自我介绍来开始我们的会议。其他组员都只说明了一些常见的模板式的信息,描述了他们的学科、资格和他们认为自己符合这个项目要求的东西。轮到比斯利的时候,他告诉我们他不是很确定他要如何适应我们其他人,但是他近期的主要兴趣是设计处于有生命和没有生命的边缘的特殊类型的雕塑,它会让观察者产生一种奇特的吸引与厌恶的混合感受,让他们沉浸在其中,最终消化这些创造。会议桌上出现了几秒沉默——这在能说会道的集体中很不常见——我们得到了第一个暗示,比斯利的设计不会允许我们带着关于"建筑物可能或者应该成为什么样"的缺乏想象力的想法沉重缓慢地前行的。比斯利仿佛存在于另一个宇宙中,他似乎有一个远离世界的未来眼光，但是同样又深深植根于人类的历史中。

比斯利的简历给了我们一些线索，让我们知道一个 20 世纪 80 年代从多伦多大学毕业的建筑师如何从传统的住宅、学生中心、健康中心和餐厅的设计到一系列如他描述的有趣的建筑设计的：情感、浪漫主义和作为现代主义品质替换的 20 世纪的唯心论；还原和分解；地狱和空间的拓展定义；古色古香。②

如他所言，他人生的转折点是在一个 1995 年—1996 年的罗马建筑奖的支持下所进行的一个项目。与考古学家妮古拉·特雷纳托一起在腭希尔在罗马的古代遗迹工作，比斯利在挖掘工作中的角色是试图重建一个婴儿的古老的祭祀丧礼情境，深入挖掘其基础结构。这个葬礼发生在 8 世纪的 Mugonia 门——原始城市的三大古门之一，这是那个时代的普通仪式的一个例子，最早入住这个城市的家庭的孩子们被牺牲在了划定的城市内部与野外的分界的边界处。比斯利在这儿仔细分析了一个婴儿的坟墓，检查其煞费苦心的构造，并思考它的意义，从而开始了对生物与非生物界限的终身关注。他从人类建筑的网状物中获得了重要力量，最终到达土工织物的世界——土壤中的建筑，再到有生命的土壤——这些建筑既非活着也非死物，它们能对生命体回应，且拥有一些生命最亲密的属性，即同情和关怀。

比斯利的工作特点是他一系列非凡跳跃的想象力，他有着细致的学识、深刻的思想和在看似独立的话语与理解领域之间画出联系长弧的能力（他最近参与了 Lady Gaga 的服装设计师艾里斯·范·荷本的服装设计项目）。这些能力不仅在他的创作工作中发光，在他日常角色中也表现得非常的明显。他的语言、动作和表情能带着他的听众们一起追逐迷人的想法，从高级的理论扩展到基本的建筑实践。当比斯利参观我的虚拟现实实验室的时候，我让他置身于一个我引以为豪的朴素的国内建筑物部分中。其他看到这个作品的人都站着不动，环顾四周，向对象做了一些初步的探索，有时会伸手尝试触摸一些东西，问一些问题。比斯利兴致勃勃地进入了这个模拟中，从内部进行挑战。在控制机器，完成齿轮间电线连接的学生的警报下，比斯利很快地从一个地方跑向另一个地方，在地板上爬行以了解地下的情况，仰面躺在地上看天花板。当周围的人都在忙碌地尽力控制导线和电脑的时候，他带着孩童般的好奇心非常开心地进行着我的模拟。

比斯利的作品既有感染力又发人深省，但是它们似乎都离学校、银行、办公室或者住宅这些基本建筑物的设计很遥远。就好比在时尚的高级时装世界中，我们看到模特们穿着我们大多数人不敢穿在街上献丑的走秀服装一样，但是比斯利的“有响应性的雕塑”可以看作是未来的标志：在一个连接的世界里的前沿设计，这也是本书的主题之一。有生命的土壤为我们提供了一个深刻的启发：一个东西可以在人身上发展出双向的情感联系。比斯利具有移情作用的雕塑所提供的有点令人不安的感觉中包含了一些我们称为“爱”和高于其他所有存在状态的神圣的人类情感。

一切都是活着的

比起任何其他人类的能力、感觉或者情绪而言，有更多的词语被用来描绘爱情，这个词的定义延伸到了古代。科学家通过收集数据，提取血液样本，测量脑电波来精简爱所包含的意义。但是对于它的价值而言，大部分的研究都集中于人际之间的爱——吸引我们进入长期的配偶关系、孩子、小型货车和抵押贷款的爱。对我们来说向一个对象或东西表达爱意是很常见的，但是除了恋鞋癖等性欲倒错情况，我们对朋友说“我爱这件衣服”与我们对恋人宣布永恒的爱时所讲的爱是有着完全不同的意味的。然而有些人却与建筑结构保持着恋爱关系。瑞典北部的居民 Eija Riita-Eklaaf 宣称她对柏林墙的爱（或者说是柏林墙的残留），并且实际上她也和柏林墙举行了各种各样的结婚仪式，还为自己改名“沃尔特墙”。Erika Eiffel（née Erika LeBrie）在 2007 年与埃菲尔铁塔高调结婚，她说自己迷恋埃菲尔铁塔那长长的蜿蜒的曲线。美国本土人埃米·沃尔夫嫁给了宾夕法尼亚的 Knoebels 娱乐胜地。虽然很容易将这些所谓的恋物总结为“无非就是疯子”，但是我们大多数人很难否认我们会被某些类型的对象、形状或功能强烈地吸引。因为一些无法解释的原因，我曾经非常强烈地喜欢一个漂亮的红色开罐器，它是我第一次搬家时收到的礼物。我没有意识到我有多么喜欢这个厨房工具，直到它终于因为生锈离开了我。罐装豆类对我来说再也没有从前美味了。

一辆马自达 Miata 的美丽曲线的魅力不知从何而来。我们对跑车的几何曲线的原始反应早已被深深写入了我们的神经系统。研究者发现，相比于尖锐的角度而言，我们更加偏爱曲线。这是一种开始于婴儿时期的偏好，实际上，早在经验教会我们刀子和剪刀这些物品是非常锋利和危险的之前这种感觉就已经产生了，但是这些偏好似乎也与我们视觉皮层参与对象识别领域的神经细胞性质有关。简而言之，比起尖锐的角度，我们有更多的皮层细胞致力于对曲面的细微差别的分析。这些细胞是一个快速形成第一印象和威胁评价的神经处理系统。甚至我们对刚见面的陌生人的第一印象部分也是基于与形状有关的面部特征的。在毫不知情的情况下，我们在陌生人出现不到 39 毫秒内会产生对特定类型面孔的偏好。这大约是人类一次心跳的平均时间的二十分之一。③

然而，比斯利的动态雕塑远不止是一个连接感觉和模型之间的标题那么简单。尽管雕像的整体外观的确类似于自然森林的组织——一组长期以来被环境心理学家认为能促进放松甚至是治愈的特征——但是相较于几何图形，连接对象与参观者之间感情联系的关键与活动和交互性更有关系。

史密斯学院的认知心理学家弗里茨·海德与他的学生玛丽安娜·西门在 1944 年发表的研究表明，人类强有力的倾向性属于意识的高阶层状态，包括对短片中呈现的简单的彩色几何对象的意图性——一种目的意识。这些实验的参与者只能看到一对三角形和一个圆圈在屏幕上四处移动。当被要求描述他们所见时，参与者使用非常拟人化的词汇来展开描述发生的事件，赋予这些对象认知和情感状态。例如，一位视频的观看者将其中一个三角形描述为“好斗的欺凌弱小者”，且许多观看者猜测这些形状之间三角恋的可能性。这些被多次引用的实验帮助奠定了“精神理论”心理学的基础，它假设我们倾向于将所有对象的行为归属于人类内心的情感和思想。更近的研究表明，使用精神理论解释简单的知觉现象的能力的发展从人类很小的时候就开始了。海德和西门表示甚至连婴儿都显示出这些影响。④

如前所述,比利时心理学家艾伯特·米休特早在 1947 年的实验中就报告了他命名的“启动效应”。在他的研究中,参与者被呈现一个比海德和西门使用的更简单的视频。米休特的电影在屏幕上显示一个向绿点移动的红点。当红点靠近绿点时,绿点就移走了。米休特实验的参与者发现不调用因果关系的想法就无法描述他们所见到的东西。他们都认为红点以某种方式引起了绿点的移动。后续研究表明,启动效应不仅相当强劲,而且对我们来说除非在屏幕上看到的事件之间显示一种因果关系,否则我们基本上不理解简单的视频,尽管呈现的事情实际上只不过是一对点的运动。类似于海德的发现,米休特的知觉因果关系的证明已经显示在非常小的婴儿中也存在。⑤

米休特和海德的实验共同表明,人类作为拥有爱与嫉妒等复杂情感的感情动物天生能看到简单的移动物体。这样违背常识的(错误的)发现认为,当我们看着一个场景时,我们首先努力识别和分类它包含的所有对象,接着搞清楚接下来会发生什么。其实我们超级迅速地扫视了这个场景(比心跳还要迅速),包括认知的自动推理、情感和意图。依据有助于塑造我们神经系统的进化压力,不难理解为什么会这样。在试图理解世界时,人类的大脑面临着一个巨大的问题:在平常的场景中有太多的信息,让我们以沉重的步伐小心地通过所有可用数据。不仅如此,而且大脑,作为生物计算机或者称为“肉机器”,是一个慢得惊人的处理器。相比我们组建的人工计算设备——甚至相对简单的,像帮助我们的车子运行得更顺利或者让我们的 iPod 为我们放歌的计算机,大脑是以极其缓慢的速度运行的。为了补偿这种迟缓,并且仍然保证准时性能,让我们能够躲避迎面而来的食肉动物(可能是从剑齿虎到飞奔的别克车),我们的大脑使用名副其实的“瑞士军刀”的技巧、诀窍和捷径。这些种类的“魔法”中最重要的一种是我们的大脑是基于一些东西“通常是放在那里”来预测那些东西可能“在那里”。其中一些预测是在过去的经验基础上后天习得的,但是学习本身可能是缓慢且艰苦的,而且在许多没有第二次机会的情况下更是如此。我们只是没有能够学习躲避迫在眉睫的威胁的后果。相反，大部分的设想——假设我们的神经系统从一开始就是内置的，所以它是如此自动化，即使我们试图忽略它也不可能。所以我们把海德的移动三角看作一对在竞争的伴侣，我们把米休特的彩色圆圈看作一对跳跃的台球，即使它们只是屏幕上出现的简单形状。

所以现在，回到比斯利的有生命的土壤装置上，我们也就很容易理解为什么观察者面对一片摇曳的丙烯酸蕨类植物时感到沉浸在一个令人不安的感情氛围中了。神奇的是，这并非是因为非蕨类植物能够深入渗透到我们的边缘大脑中，而是因为它们利用了一种能帮助我们飞速理解真实世界情境的机制。这种机制可能也有助于解释某些疾病的特征，例如恋物癖，甚至是囤积症，患者常常感到对普通的家居用品有深厚的情感联系。例如一位囤积症的受害者，当她尝试扔掉一些垃圾桶里空的塑料容器时，会联系她自己的经历。她说，在仔细地清洗水槽，然后扔掉它们之时，她会不停地想这些容器因为刚才的清洗，也许会感到不舒服、潮湿，所以她回去找回它们，拧下盖子，小心翼翼地把它们弄干来消除自己的担忧。⑥这样奇异的思维方式可能代表了人类普遍的产生于神经系统的万物有灵论倾向的一种更极端形式，因而能闪电般迅速地判断和决定。与这种万物有灵论相同的内置倾向也可能是像那些比斯利所研究的古代祭祀仪式的关键，在其中我们在新城市的土地上加入了人类的生活。

爱的家园

比斯利已经告诉我们，如果我们很容易与一个雕塑建立起牢固的类似于人际间的关系的话，我们的家园中会发生什么呢？如果任何类型的空间都是为了亲密关系而建立的，那它们将是我们结束了一天的辛苦工作撤退后的休息、救助与保护之地。

认为"我们的家可能是有感情的"这一观点有着悠久且丰富的文学历史，且通常都有着令人不开心的结果。在埃德加·艾伦·波的令人心寒的《厄舍古屋的倒塌》中，作者牢牢地瞄准了故事的背景——一座令人毛骨悚然的哥特式大厦，它是主角之一。旁白丰富而详细地描述了房子内部悲伤的环境，解释了这个房子让人产生恐惧的心理，但是“想要发现普通图片所激起的幻想是多么陌生”。⑦正如比斯利的目标是设计一套“交流空间”，模糊观察者与环境之间的分歧，艾伦·波故事的叙述者描述了一个悲惨的动态空间，在其中参与者和环境在前进中从对方身上相互取食，得到了一个不可避免且可怕的结论。最近，成功的美国电视连续剧《美国恐怖故事》展现了同一主题，尽管多了很多血腥杀戮画面。

但这些没有吓退我们的智慧，我们的家庭空间通常与一组更加积极的价值观相联系。我们期待它们是私密的、包容的、舒适的且亲密的。这种联系是在西非马里的传统住宅的图形和漂亮的简约的建设中形成的，例如，那里的住宅的布局明显地以女性形象为形状设计，且中央居住空间恰好就在子宫里。⑧

由于种种复杂的原因，西式房屋的设计更多与经济学相关而非心理学，已经演化得远远超出了居住者可以自由地使用他们所能找到的各种当地材料来设计的传统民居形式。但是我们仍然可以发现室内空间的设计对我们在家的行为，尤其是我们与家人的交往产生了稳定的影响。在韦托尔德·罗伯津斯基的畅销书《家：一个观点的简短历史》中，他描述了家从一个纯粹的有可移动家具单间到最后演变为毫无隐私的富人的豪宅，他认为这一进展与我们对“舒适”这一在早期室内空间中完全缺乏的概念的重要性的发现是携手并进的。⑨其他人已经更明确地描述了一些家庭空间安排与我们个人和社会生活的不同方面之间的关系。例如，已婚夫妇的专用睡眠空间的发明在改变我们的性和隐私的观点进程中具有里程碑式的意义。但是这些新的睡眠环境的建造并不仅仅满足了亲密伴侣间的需要。相反，这是一条双行道。单独卧室的存在确实有推动性生活闭门进行的优点，帮助改变了我们对父母与孩子之间关系的理解。同样的，准备食物的专用房间的发展为负责准备膳食的人创造了一个私人领地，并帮助加强了丈夫、妻子和孩子在家庭中的角色概念。事实上，空间社会学家以及《室内空间史》的作者彼得·沃德在这一点上走得更远，他表示更复杂的西方家庭空间的安排与他们对隐私、私人领土和自己的房间的提供为西方人重视个人主义超过群体的趋势做出了贡献。⑩创造一个远离其他人，甚至是我们的家庭成员的生活的可能性，促使我们非常看重独立和自主权。既微妙又相当明显的是，家庭环境的改变在强化我们关于计划宏伟事情的地方的新行为和思考方式的道路没有尽头。著有两卷名为《英国的房子》的英国国内建筑史的德国外交官赫尔曼·穆特修斯于20世纪早期在伦敦的研究中进一步认为，英国当时相比于德国经济上的成功与他们的住房环境有关系。在他看来，英国的房屋设计为了招待客人，在私密空间与更正式区域之间有一个舒适的、非正式的区分。相反，德国的房屋设计的访客体验类似于在厚脸皮的拉斯维加斯观光胜地，作为其中的游客必须按部就班地在一个严格规定的空间中被领着从一个华丽的房间走向下一个。⑪

虚拟家庭空间实验

如果我们家庭空间的外观和布局真的会影响我们的感情，那么类型适合的房子会让我们爱上它们，这些类型的交互关系也应该可以科学测量。直到最近，能做这种测量的合适的工具还未出现。在过去的一个世纪的大部分时间里，最常做的心理学实验就是在斯塔克实验室里，参与者一动不动地坐在刺激物前面，调查人员询问他们问题或者间歇地用科学仪器戳戳他们来测量肌肉张力、心率、眼动，有时还有脑电波。随着更先进的技术的出现，现在我们能够追踪移动着的观察者，已经有更复杂的方法来测量空间反应。

最有力的方法之一是浸入式虚拟现实的方法。使用这些方法时，为参与者展示一些地方的图片，既有在头盔里的小图，也可以直接投射到一个房间的墙上。虚拟现实真正神奇之处是，观察者在展示中看到的东西会根据他们的移动而更新。复杂的传感器会测量眼睛、头和身体的每一次移动，呈现在屏幕上的图片会与这些移动同步运动。使用这种运动追踪技术，可以使观察者完美置身于任意一种类型的设计的计算机模型中，他们将看到完全的三维壮丽展示，他们会感到好像被传送到了另一个现实世界之中。尽管观众很少会失去他们正在虚拟空间中的意识,但他们的行为在许多方面就好像他们已经离开了现实世界,进入了一个电脑程序为他们设计的世界。例如,一个恐高的人会因为被放在“露天电梯”里而变得非常焦虑。这些强大的可视化方法正逐渐成为开明的建筑师们的惯用手段。在构建一个实际的建筑物之前,他们可以通过传真的像素展示给客户来排除错误。但是对我们在空间中如何利用这一技术进行研究的研究者们也开始使用这一技术了。环境心理学家使用这些方法来研究我们对空间的反应,虚拟现实的方法可能会随着好的仿真系统近年来成本的明显下降,而更加普遍起来。

在滑铁卢大学的实验室中,我们决定利用这一新兴的技术来研究人们对不同类型的家庭空间的反应。我们建立了三种不同的家庭设计的计算机模型。雅各布斯的房屋由弗兰克·劳埃德·赖特建于 1936 年。房子的内部是一个填满温暖自然材料的朴素的 L 型设计,极度自由的装饰,小摆设和修剪,反映出赖特所认为的家庭应该迎合个人生活的自由和自主权的观点。我们也模仿了萨拉·苏珊卡的房子,他是一位著名的美国建筑师和著名的《没那么大》系列书籍的作家,他主张小但是非常实用和舒适的设计。⑫第三种房屋是相当典型的现代北美郊区地带的房屋。实验的参与者戴着虚拟现实头盔,他们被要求把此次经历当作他们正在买房子来对待,他们已经参观过了这三个特定的模型屋。他们仔细地通过每一屋子,自由地参观他们想看的每个地方,在他们参观的过程中会有一个采访者跟随着来问他们一系列问题。我们不仅对倾听人们对房屋的印象感兴趣,而且我们还想仔细地追踪他们走到哪些地方,在哪些地方他们看起来就像在虚拟空间中移动一样。实验进行中,很显然他们很快忘记了自己仅仅是在一个计算机模拟中探索,他们开始把这个模拟当作真实的事情。例如,一位参与者指出当她经过雅各布斯房屋的一长排落地窗时,她手上感受到了阳光的温暖——尽管事实上我们模型中的“太阳”完全是虚构的,根本不会散发任何热量。其他参与者会仔细地猫在橱柜下面来窥视房屋设计的角落。当我们要求参与者指出他们在房子中最喜欢的位置时,他们中大多数都被生活区中最大的开放空间所吸引,他们喜欢那些从那儿能看到发生了什么的位置。当我们问他们会选择哪里来放置他们的传家宝时，人们选择了很多不同的位置——一些人希望传家宝能在房子最显眼的位置展示，而另一些人则想把它藏在卧室的秘密角落里。

当我们追踪人们在房间探索中的路线时，我们惊奇地发现有些房间他们根本没有进去过。最明显的是，郊区房屋中的大型正式客厅从两个入口都能被看到，但是它根本没有被探索过。奇怪的是，很多参与者告诉我们他们喜欢这个房间，但是显然还没有喜欢到想要进去。这个发现也许反映了很多屋主所抱怨的正式空间没有被很好地使用的现象，是宝贵的房地产的浪费。

不过，我们最大的惊喜是当我们问人们三个房子中他们最有可能购买哪个时，仍然有强烈的趋势表明是郊外的房屋，尽管事实上大多数人并没有说他们最喜欢这个房子。参与者为苏珊卡的房子既保护隐私又利于社交的创造性空间使用以及它的实用性感到惊奇。还有人称赞赖特的房屋在天然材料使用上的慷慨，它很独特地让生活空间都围绕着一个大壁炉。然而大多数人说他们不可能去买这种房子。

导致我们在房子中所见和所感与是否想在自己生活中拥有它之间脱节的最有可能的原因与参与者过去的经验有关。他们说，尽管他们发现设计师的房子有趣且富有吸引力，但是他们仍然倾向于最有可能购买在当前市场上找到的房屋类型。所以在某种程度上，这种脱节可以看作是部分参与者想象力的失败。我们想得到我们能想象到的东西，因为它是我们觉得我们可以得到的。但是当我仔细研究这些数字时，我想知道其是否可能有更深远的影响。我们的房屋居住史，在我们住的地方发生的事情和房屋中的记忆是如何影响我们对室内空间的感情的？当我们爱上一个房屋时，我们真正爱上的是什么？我们第一次进入这个房屋时所体验到的空间和表面可能仅仅是故事的一部分。

房地产经纪人通常会告诉客户，当客户有想要买房子的想法时，他们会立即知道，因为他们能感觉到。据推测，这种断言是建立在他们与诸多购房者交往经验的基础之上的。与虚拟现实体验同样虚拟的，我们确实在我们自己的一些参与者身上看到这样的细微反应，尤其是当他们进入苏珊卡模型中时。他们会有一个直接而明显的与空间接触的感觉。他们慢下来，环顾四周，享受这种体验。这一点仅仅通过听他们的意见和观察他们的行动，甚至不用看我们在他们游览时所搜集的数据，我们也能知道。所以我们知道的是什么？是当我们第一次游览房间时那令人眩晕的一见钟情的感情吗？

法国哲学家和诗人加斯顿·巴舍拉尔在他的《空间的诗学》一书中详细叙述了居住空间的现象学。其中，他描述了我们早期的房屋的方式会塑造我们的生活。他说，家是我们白日梦最棒的容器。在我们的第一个家中，我们思维和记忆方式初步形成，我们永远不能真正地切断那些早期经历与我们后来行为之间的联系。他说：

"……当我们回到老房子时，我们会很惊讶在多年的探索后，最微妙、最早的手势和姿态突然活跃了起来，且仍然是完美的。简而言之，我们出生的房子在我们身上铭刻了居住的各种功能的层次结构。我们是特定的居住房屋的图解，所有其他房子也是如此，但是基本主题是变化多样的。"⑬

这些我们最早的住宅和我们目前居住环境之间的无意识联系可能是常见的。如我们所知，自古以来，我们的生活经验、记忆与这些经验发生之地间有一种特殊的联系。世界上最古老的记忆技巧之一，位点的方法最早是西塞罗在他公元前 55 年所写的《论演说家》⑭一书中提起的，他规定了一个明确的将地方与记忆联系的战略，以提高一个人的记忆力。现实中，成千上万的心理学和神经科学实验已经证实了西塞罗的说法。

例如，圣母大学的心理学家加布里埃尔·拉德凡斯基发现了一个我们对生活中对象的记忆与我们发现它们时的环境之间的惊人的从属关系。拉德凡斯基和他的团队设置了一个简单的记忆实验，参与者被要求把一些物品从一个房间带到另一个房间而留下其他物品，在另一个房间他们会看到另外的物品。他表示当我们穿过门口时，我们似乎从一个"视界"走到了另一个中，使我们很难记住留在离开的房间里的物品。细致的控制实验表明，不仅仅是时间的流逝或者从一个地点到另一个的物理运动产生了这一效果。例如，哪怕在一个同样的大房间里执行一个复杂的路线任务也不会导致记忆力的侵蚀。在通过门口时会有一些特别的事情发生。无论参与者是否亲身从一个地方走到另一个地方,还是只在一个虚拟环境中行走——甚至是在电脑屏幕上的三维图像里用鼠标移动,都会产生这种效果。⑮拉德凡斯基的研究将哲学家如加斯顿·巴舍拉尔的一些现象观察放置在了认知科学的显微镜下,为对经验、记忆与家里房间之间的交互作用的更详细的研究铺平了道路。

我们对家的心理表征是由所见和所记住的东西混合的这一观点对基于心理学的科学设计产生了强大的影响。或许最重要的是,这表明一个想要创造一个被爱的家的设计师不能简单地制作一个已经被证明能取悦人类感知器官的物理特征的清单表。设计师必须了解客户的历史、目前已知的住所地种类和在这些地方发生在他们身上的事情的记忆。

但是我们生活中的事物和地点对我们的影响远远超过了所记住的事件的列表和目录。我们所经历的感情与这样的记忆紧密地联系,它们可以对我们与家庭空间的联系产生相当大的影响。几年前,我是一个主题为我们对空间和地点使用和理解的电话广播节目的嘉宾。我不会忘记一个打电话来的男人所讲述的他自己的故事,他发现自己因为看了一眼之后很奇怪地被吸引了,而买了一个房子。他渐渐意识到这种吸引力的基础是这个房子很像他童年的家。不过不幸的是,这个男人在他早期的家中经历了一些痛苦的童年事件,他很快发现了对早期的家的这一识别,远不是因为触发了围在壁炉边幸福的家庭生活的回忆,而是开始将他带回了一些更加恐怖的画面。他告诉我们他不顾一切地试图改造这个房子,以此来伪装自己。他以某种形式建造了一个嵌入式空间来保留房子的正常功能,但是把他自己与早期不愉快的回忆隔开了一定距离。我们可以将我们的记忆存储在我们的房子里,但是在离开时我们会带走它们。如果我们足够幸运,它们可以成为快乐的成年生活的支柱,但是如果我们的早期记忆不是那么温和的话,会在意想不到的时刻触发"心理线圈",让我们感到不安,就像波的故事中那些可怜的受害者。

艺术治疗师知道我们的家的心理表征可能包含过去不愉快的线

索。波兰精神病医生弗朗索瓦丝·明科维斯卡和他的同事赫尔曼·罗夏克——著名的同名心理测验的作者，研究了遭受纳粹政权迫害的犹太儿童所画的房子。她将这些孩子的画描述为高的、瘦的，相对来说毫无特色且令人生畏的。最近的研究显示了受虐待的儿童所画的房子的某些标志特征。他们的房子没有门，且常常充斥着尖锐的轮廓，奇怪的是，有大量的心形。房子上面常常有风暴和雨，这些特征很少出现在没有被虐待过的孩子的画中。孩童时期，或者说尤其是这一时期，我们把我们的家看作我们自己心理和经历的代表，这就是它们在我们想象中的表征。⑯

精神分析的先驱卡尔·荣格在他对"塔"的创作解释中说，他尝试为自己设计一个这样的家，这是他的自传中的一个章节，已经成为学习建筑学学生的必读读物。在他的研究中，他给了家的构造、他关于人类思维的组织的发展中的理论和他自己的生命发展之间的相互作用一个迷人的解释。从他认为家庭是母爱的亲密传真的理解开始，他把原始的"圆塔"看作代表子宫环境的超大的炉膛，就像塑造了人类形象的西非家庭。随着时间推移，圆塔呼唤他的次数也在增加，在过去 10 多年里不断建立直到有了完整的感觉，塔的每一个主要部分都代表着他的包括心理理论的结构阶梯之一。⑰

荣格的塔还有更多故事完全没有在他的自传中提及，但是可以从他大量的笔记中看到。荣格有一个终身的习惯就是通过笔记来解决难题。在他与著名的且感情深厚的，也是他最亲密的朋友和最重要的知识导师之一的西格蒙德·尹洛伊德分道扬镳之后，荣格认为对生存之路的彻底探索应当从他最早的童年记忆开始。这些记忆很重要的一部分是由不同类型的小型城堡组成的——他再次在波林根开始了这一经历，沿着灯塔所在的湖岸，它可能成为他生命中很长一段时间的家。这座他终于为自己建造了一个家的塔，代表了一个童年回忆的生命大小的版本，但是他也在塔中包括了被认为是向重大事件、想法和他生命中的人们致敬的结构。他说：

"单词和纸对我来说似乎不是真的足够。为了让我的幻想站稳脚跟，我还需要更多的东西。我必须在石头上达到一种我内心深处想法和我已经获得的知识的代表。换句话说，我必须在石头上坦白我的信仰。这是塔——我为我自己在波林根建造的房子的开始。”⑱

对我们其他人而言的家庭空间

我们中几乎没人有资源或者机会去建造一个反映我们内心心理的住所。像我们室内空间的虚拟现实研究的参与者一样，很有可能我们仅仅可能从我们找房子时能提供的很少的几种房屋中选择。正如我们所见，我们可能发现自己会被熟悉的东西吸引，即使当我们的大脑和身体可能向我们传递微弱的信号表明我们正简单地靠习惯的力量选择而违背了我们的喜好。在少数幸运的情况下，我们可能会与我们的古老记忆一起，和谐地想起我们的家。

但基于全球基础考虑，我所描述的实验的种类和对家庭空间的观察并不能反映出我们中很多人与我们生活的空间的关系。家庭空间囊括了从上海的高层公寓到孟买市区立交桥下的一个小据点。事实上，即使是在超级发达国家比如美国，皮尤研究基地的一项大型研究显示，人约四分之一的美国人不认为他们所住的地方叫“家”。⑲简而言之，我们大多数人没有能够真正地去选择家。相反，它们是被强加给我们的。

不能选择一个符合我们审美情趣或者过去经历的家，我们如何发展我们与家庭空间的关系呢？在许多情况下，这样的关系可能是植根于我们从一个地方搬到另一个地方所携带的财产中的。例如，从一个大陆到另一个大陆的移民，除了他们背上的衣服很少带其他东西，但是他们会为宗教物品留出空间例如家庭圣经或者神社，照片相册和一些他们必须用来在他们祖先的家园与新生活之间联系的其他物品。对他们来说，唯一可见的，能与他们早期家庭的联系是通过这些简单的财产实现的，他们不仅通过这些在新生活中安定自己，也对家庭空间的外观施加了一种控制，让它没有其他个性化的可能性。

即使在最简陋的环境中，我们为了施加控制也会努力地使它个性化。漫步在达拉维——孟买最大的贫民窟，颜色和使用各种材料的本土设计的一系列胡乱排列混在一起，形成了一个到处都是活动和商业的充满活力的社区。(包括一个已经创造每年超过6亿美元收入的繁华经济)达拉维的状况在很多方面是非常具有挑战性的——水电供应是不定时的,良好的公共卫生设施非常有限,但是有充分证据表明它的居民正在非常努力地想要控制他们自己的环境。

在一个完全不同的背景下,美国建筑师奥斯卡·纽曼在他的经典著作《防卫空间》中强调了拥有感和在高密度的居住空间例如芝加哥臭名昭著的普鲁伊特—艾戈的复杂社会住房中控制公共区域的重要性。[20]纽曼描述了他认为可以增加这样的住房项目的安全性和宜居性的设计原则,他认为普鲁伊特—艾戈没能实施这些原则才导致了它的灭亡。他的"工具箱设计"的主要目的是在采取经济挑战行动来反对住户可能想要个性化和取得居住环境所有权的任何欲望的环境中,找到激励对地方的依恋情感的方法。尽管普鲁伊特—艾戈消亡的原因近来经历了复议,认为可能与它们设计中长期的资金不足有很大关系,但是纽曼的原则仍有价值,仍然能够在减少在人口密集的贫穷社区的犯罪率上发挥作用。

住在狭小家庭中的人们紧紧挤在一起会导致我们对家庭的定义的全新挑战。在我们宽敞的西方家庭中,无论我们是否在它们身上找到了真爱,我们通常认为它们是保护隐私和避难之所。在孟买的宝马—古根海姆实验室中进行心理地理学研究时,一个旅行智囊团专注于世界主要城市的城市问题,我在其中发现了一个很反常的现象。当我把人们带到人烟稀少的博物馆、停车场或者教堂院落等公共场所时,他们表现出了强烈的一个人在家或者漂亮的绿色公园等安静的环境中的放松反应的迹象。使用传感器测量生理唤醒水平时,我可以确切地看到面对空旷的地方时,他们的身体平静了下来。在西方背景下,一个空的公共场所可能会被认为是失败的——我们在这些地方的计划大多关注将这些空间带入生活的问题。这些测量并没有让我的助理感到惊讶,他这样形容他与妻子、两个孩子、父母和他的两个兄弟所住的达拉维的小单间的室内设置。马赫什说,对他来说想要找到安静的地方,一个与朋友分享亲密时刻或者独处空间的方式是离开他喧哗的家庭空间,在城市中找一个安静的空间。马赫什的日常观察极大地强化了我的平行研究——由宝马—古根海姆实验室的艾莎·达斯古普塔与普卡合作进行的一个对孟买当地城市问题的集体研究。尽管在项研究中仍有 54％的受访者把他们的家描述为他们最私人的空间，但是他们也表现出了一种到公共场所寻求独处空间的倾向，然而他们抱怨说安全的公共空间非常稀少，难以找到，尤其对于女性而言。㉑

基于现实的基础考虑，我们称为“家”的不同类型的空间设置是如此的广泛，以至于不能将它们简单分类，然而发挥作用的心理原则更容易被吸收。一些设计特征具有普遍的吸引力。我们会被特定类型的形状、颜色所吸引，尤其是那些包含一些与自然中相同的元素的，也包括我们从窗户中看到的东西。我们被提供了隐私和安全感的空间形状所吸引。我们家庭空间吸引力的感觉也由我们的个人历史决定。我们的早期经验和那些经验发生的地方塑造了我们成人后的偏好，根据早期生活经验的效应，可以让特定种类的空间设置对我们产生吸引或让我们排斥。最后，我们对家园的爱依赖于我们对空间的控制感——我们能够根据个人心理使用任何东西塑造它，从珍贵的传家宝到简单的装饰元素像海报、油漆和壁纸。当我们失去了对这种控制的努力时，我们对家的热爱便会消亡。

家庭的未来

但未来是什么？我们注定永远哪怕在经济危机中也住在千篇一律的房子或者提供通用房屋结构住所的公寓中吗？它们也许包含一些有吸引力的设计风格，能挑起我们的感情，但是不能更多地与我们的内心相连，仅仅只是印在光滑的房地产宣传册上的简单二维图像。或者更糟的是，我们不得不在拥挤而昂贵的城市中占用较小的空间，不得不放弃根据自己的偏好、经验和内在心理来让家庭空间个性化的想法。

如果有远见的建筑师从比斯利的活跃的创作中得到灵感而找到自己的方法，那么室内设计的未来会完全不同。如果你的家不是一个由四面沉默墙壁组成的包含了很多家庭日常用品的盒子，而是一个更加活跃的玩伴的话那会怎样？如果你的家能通过回馈爱帮助你爱上它会怎么样？这是对响应性设计的未来承诺。

建筑物有感情且能通过调整而响应发生在它墙内的事件的想法并不新鲜。在某种程度上，你可以将控制加热和空调系统的恒温器作为一种响应性系统。恒温器需要一个输入——你选择设定一个温度，这代表了一个简单的欲望，通过反馈回路的魔力，它用复杂的机械系统的运作满足了你的需求。家庭中有很多这样的简单控制系统，从火和入侵检测系统到控制照明和娱乐媒体系统的自动装置，但是这些既分散又为人类所控制的系统，与那种感知和响应系统捆绑在一起且被智能代理所控制来不断适应居住者需求的家庭的想法是不同的。

控制论专家和麻省理工学院的著名媒体实验室创始人尼古拉斯·内格罗蓬特是第一个表明建筑物可以被设想为一种能与用户交流互动的计算机的人。在 20 世纪 70 年代的作品中，内格罗蓬特预见了通过对发生在其中或者周围的事件智能响应的结构将计算机能力和建筑材料相结合的未来。[22]到目前为止，这一领域的大多数工作都集中于寻找通过减少碳足迹的设计特征提高建筑物的环境可持续性的方法上。例如"北方房屋"，这一由比斯利牵头的起源于滑铁卢大学建筑学院的设计，是对建造一个北方气候条件下零碳足迹房屋的挑战的应对。"北方房屋"是通过一组不仅能回应外部天气，而且能够应对内部环境和居住者的位置、移动和活动的传感器来实现的。更大规模上，主要建筑物的响应性外壳已经被开发，减少了应对环境事件的环境成本。墨尔本皇家理工学院的设计中心是由成千上万的抛光光盘组成的，它们跟随太阳转动，来降低建筑物的能源成本，且有朝一日能成为电厂使用的光伏电池。同样的，芝加哥建筑师特里斯特拉姆·雅诗·斯特克设计了可变性的建筑物，该建筑的有机弯曲和讨人喜欢的外形使用巴克敏斯特·富勒被称为"张拉整体"的原则来改变形式来回应传感器的读数。到目前为止，这些传感器是以用最低的能量消耗产生愉快的内部氛围为主要目标来测量空气温度和阳光的。尽管这样的结构肯定利用了现代的传感装置和制造绿色建筑的材料，但它们真的只是走出了超越房屋炉子的恒温器简单的反馈机制之路上的一小步。这些建筑物可能知道他们的住户的某些事情，但是它们并不能感受到。现在就连一些客厅的游戏主机都包含了一些简单的传感器来测量我们的心率、压力水平、面部表情、眼球运动、呼吸频率和脑电波，因此概念上讲满是这种传感器的建筑物是触手可及的，它能提供更多关于我们的生理和心理状态的信息，而不仅仅是让我们的好朋友坐在客厅里。

麻省理工媒体实验室最近的一个项目指出了这个方向。城市之家这一项目，是肯特·拉森带领的“改变地方小组”的发明，由很多单独模块组成，他们允许用户配置一个公寓大小的空间来满足他们的需求，这个空间通过嵌入计算机设备的可移动墙壁来 追踪用户的生理状态和行为历史。这些所谓的生活实验室可以用来收集大量的住户生理数据和充足的信息来构建住户身心状态的合理理论。个人几乎可以将“城市之家”的经验当作有了一个能满足需求的同居管家，能预期并为他们的行动创造一个更宽敞的环境，但是——这可能很重要，它准备在掌声中让木工活消失。

不仅可以根据房屋居住者的舒适度来定制温度和照明，而且内部外观的每个方面都可以定制。滑铁卢的切瑞顿学院的计算机科学家及艺术家丹尼尔·沃格尔使用能回应手势和姿势变化的超大互动现实平板来工作。以微软的体感游戏为例，在这个运动跟踪技术廉价且快速的时代，这样的显示器对爱好者来说触手可及，且能很简单地聚集专业人士(我最近参观了一个充满全身运动跟踪和语音命令识别系统的虚拟艺术画廊，是由我熟识的一个计算机科学家工作了一周的成果)。沃格尔说：“你不想它变成你家里的时代广场。”㉓但是现在能够在卧室天花板上显示外面的天气，在浴室镜子上播放新闻以及在客厅墙上展示附近公园的实物的超薄显示材料是可以实现的。鉴于我们偏爱特定种类的图像(例如自然)和对某些种类颜色、模式和图像的已知的心理影响，能根据你的感觉改变其外观的有感情的家是可以实现的。感觉不舒服吗？你的家可能会调暗灯光，用日落时分的海浪来抚慰你。想为迫在眉睫快要截止的工作寻找灵感？你的家会调亮灯光，向你展示令人鼓舞的拥挤的城市广场上忙碌的人们的场景，并且为你送上咖啡。

将与家的交互水平与已知的倾向于看简单生动的生活的心智相结合，很容易想象出我们即将享受到的与家的全新关系——在这一关系中的建筑的结构是有自己的精神、性格,且有对它的居住者的感情的,二者建立了历史悠久的友谊。

很容易想到这种家庭环境的优点,特别是对我们中有身体或精神疾病的人来说。想象一个知道你什么时候开始感到沮丧,并能据此做出回应,通过令人鼓舞的对话或者建议开展一项能让你心情变好的活动,在事情开始变得可怕的时候,甚至还会提醒你的至亲朋友。

一个刚刚上市的智能手机应用程序能够根据你使用社交网络的模式,甚至是你使用触屏的方式来测量你的情绪,它还能通过提醒医疗服务提供者来作出反馈。一个有感情的家,通过了解你的习惯和生理状况来更主动地照顾你。为了满足人们特殊需要的日益复杂的家庭系统的可能性已经成为了兴趣的焦点,尤其是考虑到我们不堪重负的医疗系统和对寻找允许老人或生病能在家而非去机构里独自生活的人的方法的强调。但是即使是我们中那些没有这种特殊需求的人,能感受和回应我们的家也是有吸引力的,而且相当微妙。正如我们所看到的,人类通过简单的几何形状或者线条来看生活和复杂的情绪的倾向是非常强大的,能够投入到一种成熟的情感假体中帮助我们强化积极情绪而弱化消极情绪。

有感情的家的优点是很容易想象的,但是在一个像 HAL 9000 或者 MU-TH-R 182 自动化监管的反乌托邦文化中,可能会有不好的一面。这种现代科幻寓言告诉我们,智能计算机接口可能会出错,误解他们的指令或者被用于邪恶的目的。但是这些都是伴随着我们的生活和幸福所依赖的科技的使用而产生的风险类型。也许一个更深层次的担忧与用科技来取代构成人类本质的重要部分功能的风险有关。同样的,一些人认为充满 GPS 信号的世界侵蚀了我们认路的本能,强大的搜索引擎让我们产生了记忆惰性,让我们从真实突发事件中缓冲的房子可能同样减少了我们在某些类型的现实中的暴露。

任何种类科技的出现都引起了我们生活与现实之间的破裂。我们欢迎新科技,因为它解放了我们的时间和精力来追求其他东西,但是我们并不一定知道为了得到这个自由放弃了什么。如果我们的生活确实包括一组例程的集合让我们关注世界,关注彼此,关注我们对自己的理解，那么当全盛的技术被允许入侵用来构造我们最后的避难堡垒——我们大多数人所知道的最亲密和私人的空间的材料时，这意味着什么呢？尽管我们家庭的象征可能与子宫中的生活有关联，但我们真的想回到它里面吗？

随着室内空间的新设计理念继续将信息技术惊人的潜力整合到家庭定义的改变中，我们会继续解决这些在某些方面很像科幻小说中的问题。但是随着有线世界进一步地进入到我们的日常生活中，更多的讨论集中于什么能被视为一种真实性的危机上。随着几个进步的领域中廉价且容易地将技术加速发展——传感器设计、显示设备、tensegretic结构、虚拟现实和3D制作，我们将体验到法国诗人和哲学家保罗·瓦莱里所谓的“普遍性征服”的新的锋利边缘——德国评论家沃尔特·本杰明在他影响深远的文章《机械复制时代的艺术作品》中所阐述的观点，精确的大规模工件复制要求找到关于“真实”意味着什么的新的思考方式，只是，在其他技术发展以及社交网络的刺激下，我们正在为了隐私、自主和权威等概念而奋斗。[24]我们生活环境的改变，使得我们从一个为了生存而在其中行动的被动空间到主动空间而成为积极的参与者。与所有划时代的变化一样，我们可以简单地让事件包围我们，采取一切行动，或者我们可以满足各种辩论、开放思想的实验甚至是乐观的挑战。

德国哲学家马丁·海德格大部分的时间都是在离他出生的地方不远的黑森林的小船舱里的工作中度过。他最重要的作品，包括变革性的《存在与时间》，都是在他和妻子以及两个儿子共处的小木屋中所写。在他与世隔绝的隐居处，他可能始终处于家附近的山丘与山峰之间，他将做哲学的困难比喻为“从山上说到山顶”。他避开了当时德国学者的高度的礼仪和典型的穿着，保持了与他的环境非常符合的质朴的演讲外貌和风格。他著名的困难语言，包括很多他发明的新词语或是来自于其他词语的复合表达的新术语，似乎也与他在家周围所走的令人困惑的丘陵道路的复杂性产生了共鸣。甚至他最重要的作品之一，在英语中被简单地认为是基本著作的文章集被他命名为《林中路》，字面上的意思是“林地”，但是在德国被理解为森林中从一个地方到另一个地方线性前进非常困难的令人迷惑的路径。樵夫认为林中路是为了找到作为炉子燃料的木头必须遵循的路径,也是回家所要走的路。他使用这个标题表明他对他作品的欣赏程度与他的写作环境很有关系,他的很多文章反映了对这一联系的理解。甚至可以说海德格对哲学的理解不可能在其他环境中产生,或者至少说会与我们现在所知的作品完全不同。在某种程度上,海德格的小屋如同一位哲学家。他的儿子赫尔曼似乎已经明白了这个道理,在一次为拍摄电视纪录片而造访小屋之旅中,他走进父亲的研究室激动地说道:"如我所想,他还活着。"㉕

房屋可以通过技术投资变活,实现与它们居住者之间强烈而亲密的联系吗?有任何设计技巧和尖端科技能用来取代我们经过了长时间的思考、劳动、实验和经历,一块一块地堆积房屋对房屋的真爱感吗?或者更有可能的是无论将响应式家庭看作母亲的子宫的拟态是多么制作精良,经验仍然会感觉是错误、不可思议且有点失常的?正如 Beesly 的《有生命的土壤》中向人招手的叶子让我神往的同时也让我感到一些威胁和不平衡一样。即使这些问题的答案是积极的,这真的是我们真正想要的未来吗?

一个同样重要的问题是关于通过新兴技术的广泛应用来连接、响应空间我们必须获得什么?与我们同居的原型管家来观察我们的每一个需求,潜在地将我们从如此多的日常存在的陈词滥调中释放出来,我们要如何来利用新发现的自由呢?它们能让我们上升到更高的高度吗?或者更确切地说,我们与人类及家庭空间联系的结合链的断裂会让爱变得不可能吗?

第三章　欲望之地

我们会逐渐爱上一栋建筑或一个地方，就如同我们渐渐爱上一个人一样。持久的爱随着时间和重复的积极体验发展。与其他人互动的经验培养出了信任、开放和情感。同样的，我们游览一个地方的经历、所花费的时间和我们的经验会产生强烈的依恋感。与人类之间的爱一样，我们从自己的过去中带到关系里的东西与我们在新遇到的地方的经历是同样重要的。我们在埃菲尔铁塔或者帝国大厦的第一次体验仅仅只有部分是由于被这些建筑的外观所感染，更多的则是由于我们带入经验中的复杂的关系和过去的经历。写人类之爱的书要远远多于世上任何其他东西，但爱的奥秘仍然让我们着迷。

然而，在我们与他人的关系中，我们并不一直在寻找爱。有时我们对长期的钟爱或者舒适的依恋感没有兴趣。我们正在寻找一种独特的兴奋、一种瞬时的激动和人类接触的震惊。我们是被欲望、纯粹和简单所驱使的。所以相当于欲望的心理地理学是什么呢？

我与布伦丹・沃克在他伦敦的工作室中边喝茶边讨论这个令人兴奋的问题，他与他的摄影师妻子，以及几只壮实的小灵狗一起住在这儿。沃克第一份工作是航空工程师，但是在他的职业生涯早期他厌倦了军用飞机的设计，试图在其他领域寻求刺激。现在，正如他自称的"兴奋的工程师"一样，他花费了大量的时间试图理解在建筑环境中出现的兴奋，同时学习如何为那些渴望在令人兴奋的地方激动到膝盖发抖的人们将刺激最大化。

在沃克早期的作品中，他的灵感来自于一个关于如何构建激动人心的地方的观念的不寻常的来源：他着眼于实施违法行为过程中所体验到的犯罪的激动的故事。犯罪心理学家杰克·卡茨在他《犯罪的诱惑:作恶中的道德和感官吸引力》一书中分析了从惯性小偷到冷血杀手等各类罪犯的犯罪动机。许多犯罪都是由强烈的愤怒引起的,尤其是比较严重的,比如谋杀。但一些犯罪则纯粹是为了行为中产生的快感,尤其是像破坏或者入店行窃。事实上,一些商店扒手,尤其是女性,在成功的抢劫后立即会感受到高潮。他们说,激动是在日常生活的经验(购物)到一些更加崇高和有象征性的东西的转换中产生的。①

随着卡茨对犯罪乐趣更进一步的观察,沃克开始了一个叫作Chromo Ⅱ的项目,他邀请人们去浏览一个能在上面描述最让他们激动的经历的网站。②网站上的采访集合显示了参与者能找到兴奋点的广泛经验:情欲操控的自我表现欲、打屁股和群体性接触在某种程度上是可以预测的。其他则涉及了危险的成分(鲁莽驾驶、高风险运动),另一些则是异乎寻常的(一位受访者说他们最大的刺激来自于在母鸡头上打破一个鸡蛋的争论)。在他非凡的《疯狂的分类学》一书中,沃克试图使用类似于犯罪学家卡茨所用的方法归结激动人心的体验的基本要素。③他通过被调查者将与他相关的激动人心的经历解构为"开始于期待,结束于余晖"。沃克最终将激动人心的经历减少为一组绝妙的方程式(我们在刺激寻求过程中还期待什么?),它表明了刺激的基本要素不仅是强烈的生理反应和较高的积极效价,而且还是这样的感情随着时间变化的速率。一个激动人心的经历是快速把我们从日常经验的平衡状态拉到新奇、迷惑和愉悦中去。

很自然地,沃克转而将游乐园作为灵感的来源,尤其是云霄飞车。在他的兴奋实验室中,他将参与者与生理记录设备连接以测量心率和皮肤电反应,这样他可以从一个小窗口中看到人们坐过山车时身体的内部活动。尽管激增的心率和湿冷的手掌可以表明一个人被唤醒,但是这样的测量不能区分快乐时的高点和焦虑与不幸时感觉的直线下降。为了区分这些状态类型,沃克使用小相机来闪烁记录乘客在现代多样重力游乐园中被扔到空中时的面部表情。

沃克已经能够表达他在现象学报告基础上的方程式,即感情由经验引起,例如午夜在郊区裸奔或者在戏剧表演中在后台淘气嬉戏时被鞭子抽打，这些都可以用来量化游乐园激动人心的属性。他的工作有助于给娱乐产业一个标准措施——“刺激因素”，通常来说，参与者会有与他们在主题公园中翻来覆去时一样的反应。

我们为什么要关注兴奋呢？毕竟强大的轮滑运动中快速而意想不到的移动影响我们感觉的方式似乎是地方产生的心理影响的一个非常专业的实例。它更多与意想不到的应用程序的力量有关，而非缓慢地产生于沉浸在不同空间中的感觉。这种联系来自于我们对日常生活空间体验中的思考方式。我们日复一日地遵循着相同的路线，到达同一目的地，并为了生活中少量的预定程序例程来使用我们生活的地方。我们一天又一天地为了休息和私密而退回家中，为了收入又去工作场所，在同样的超市里买东西。如果这一切地方都是有生命的话，我们几乎无法忍受这极其单调乏味的无聊的事情。我们体验着感官剥夺状态，有意识的感知最终会完全关闭，在单调的日常生活中麻木，进入梦游。想想你在漫长的一天结束时告诉你朋友和家人的故事。他们很有可能想听到一些例外、新奇和生命历程中的破裂的事情。没人想听你如何走进一家咖啡店买了一杯拿铁的故事。他们想听你前面的顾客因为豆浆没了而发怒，说着脏话，推开椅子，扬长而去的故事。这样的异常事件，远非形成生命的标点，却构成了生命的名词和动词。当旅程分解，规则被打破时，那些旅行者遇到意外的罕见时刻便是我们被唤醒和注意的时刻。这样的经历，尽管也许并不一定符合沃克的“兴奋效应”方程，但是却都让我们意识到我们的环境及其施加给我们的影响。过山车几秒时间里撕心裂肺的痛苦导致肾上腺素激增的体验真的是我们会珍惜的体验——这很意想不到。

停驻着大量沃克感兴趣的过山车的主题公园提供了一些地方和实现欲望的经验。在大多数建筑环境中，设计者的主要目的是找到一种实现建筑主要目的，同时又满足人类基本需求的方法。在一个主题公园中，商业成果完全取决于人类娱乐和快乐需求的满足。尽管我们很多人认为主题公园有更深层的目的，例如保守的谆谆教诲和父权价值观，但是它们主要还是为了感官的玩耍之地和实验室感觉。它们中很多都包括各种沃克帮助开发的震动坐骑，但是从历史上来看，它们有一个更大的目的。

在美国,最早的主题公园被建立在科尼岛,是在著名的城市规划师罗伯特·摩西制订了分区规则后建造的,他指定岛上一个地方作为主要的消遣娱乐之地——拥挤的曼哈顿居民们的一种安全阀门。在杰出的纽约城市规划和设计历史博览的《发狂的纽约:曼哈顿的反动宣言》中,雷姆·库哈斯将科尼岛描述为曼哈顿原型,其中大部分由纸板制成的实验结构,是一天之内用科技拼凑起来的,为游客提供了激动人心的游乐设施,奇异的经历甚至为反常的窥阴癖者提供了机会。作为梦境主题公园的一部分的"小人国"是由一个德国纽伦堡的纸板复制品组成的。通过广告招募来的来自四面八方的300个马戏团表演者填充了这个小镇。居民被鼓励建造自己的基础设施、政治体制、消防部门和商务部。甚至更奇怪的是,"小人国"的人们被鼓励进行非传统的性行为,例如广泛滥交、同性恋和花痴。这些鼓励行为被描述为一种"社会实验",但实际上只是毫不掩饰地为了刺激游客来增加利润。④

有点类似的是被称为"爱之桶"的刺激之旅,其使用技术帮助游客克服压力并保留价值,通过强迫他们进入一个移动的管道中,使他们失去重心而倒向彼此。这是一种强迫的亲密,在其中有两性发现他们无礼地缠绕在一起,有时是以振奋人心的姿势。在这种情况下,相对简单的技术的使用与建筑形式的基本元素结合,鼓励人们减少当前传统价值观念,强迫他们表现自己的秘密欲望和幻想。这种社会工程技术的使用在今天变成了一个非常复杂的科学的一部分,正被应用于几乎生活中的每一方面,让我们感觉、行动,也许最重要的是把我们的钱花在期望更好地判断以制动的情境中。

最先进的主题公园——韩国的生活公园包含了强大的技术元素,仍然处于发展中,并计划在中国、新加坡建造生活公园的新版本,此外在美国也选定了地点。生活公园的设计旨在让游客从走进大门的那一刻起就完全沉浸到虚拟现实的体验中。每个游客都配有一个RFID标签——一个小巧而便宜的设备,它能追踪游客在整个空间中的动作和位置——让游客为他们自己创造一个化身且能够定制自己的外貌。从这一点上说,它实际上是参与公园主题活动的化身。游客进入一个拥有建筑物大小的显示着3D图像的屏幕，发出隆隆的环绕声的巨大的沉浸式的剧院中，他们能够观察自己的化身在屏幕上的表现和互动，在其中，游客们自身的行动为他们经历的虚拟现实表现设置了脚本(和结局)。在这个公园里，现实与虚拟之间的界限是模糊的。节目和展览再也不需要纸板、木材或任何其他物理材料。这个故事是由电脑控制的像素维系的，追踪在任何给定时间里的游客们的集体活动。主题公园完全超越了物理定律，这种方式为游客打开了一个产生幻想、快乐和刺激的很多新的可能性，给予游客前所未有的对空间中自身经验的控制程度。在生活公园这样的主题公园中，游客本身就变成了表演。⑤

在《发狂的纽约》中，雷姆·库哈斯认为科尼岛的主题公园因为变得拥挤而受欢迎，所以从一个度假之地退回成了一个高密度城市的实验，且“神奇的技术”最终引发出了很多被归纳入曼哈顿主要规划设计原则，同样地设计一个类似为需要像摩天大楼和电梯等神奇发明的人口稠密的城市服务的城市系统。类似的事情还有世界上最著名的主题公园，且已经建立了现代想象和娱乐空间标准的迪斯尼帝国。两家美国迪斯尼公园——加利福尼亚的迪斯尼乐园和佛罗里达州的神奇帝国，与巴黎和东京的迪斯尼乐园一样有同样的标志性特性，这已成为诸多讨论和辩论的话题。不管怎样，迪斯尼企业都可以被视为一个成功的实验室或诊疗所，集中于“是什么让我们喜欢一个地方”的问题上。这些公园中每一个都用一个主要街道的视野来迎接游客，据说它是来源于20世纪初一个美国小镇的主要街道的翻版。然而，相比于这个街道原先的样子——杂乱无章、坑坑洼洼、尘土飞扬且可能是散落着马粪，迪斯尼的主要街道则是一个完整的构造。然而，不可否认的是对大多数访客来说，这些街道引起了不容置疑的幸福和快乐感。它们不仅作为公园的入口前堂，而且还是游客们不断回来的集成中心，还有很重要的一点是，在访问期间，他们在这里花费了大量的钱和时间。也许对美国游客来说，这些街道的外观提供了一个比在美国近年来能看到的都更简单而快乐的视野。但是除了通过主要街道的景象发挥作用的历史联系外，街道还有一个吸引人的秩序、规模和结构。⑥

正如库哈斯认为神奇的科尼岛科技对曼哈顿严谨的城市规划产生

了影响，迪斯尼主要街道的设计也能够被认为对美国小镇规划产生了影响。这种影响在佛罗里达州的迪士尼设计小镇庆典中非常明显，它采用了与完善迪士尼世界邻近的主题公园主要街道类似的原则。但是不同于主题公园所代表的对现实生活的逃避，庆典起到一个真实的小镇的功能。尽管它非常小(目前大约 7000 人)，这个小镇从开始就是为了向居民传达作为主题公园主要街道与过去的神圣同样愉快的感觉。住宅的大道还有宽阔的人行道鼓励人们步行，小的障碍物来鼓励人们在街道和连接它们的房屋之间交流，汽车只能从住宅后面进入车库。街道整洁干净且打磨得发光。在庆典建造之初，房屋的需求是如此之高以至于镇上甚至要通过抽签来获得与销售代理谈论购买的权利。事实上尽管一些游客报告说这个小镇传达了百依百顺式的完美，没有真实感，但是庆典小镇在很多层面上还是被认为是成功的。⑦

博物馆之夜

大多数部分依赖公共资金的博物馆都旨在教育，帮助塑造文化认同和对定义我们集体生活的叙述的表达。公共博物馆是相对较近的一项发明，产生于它们的前身——文物的收藏或者“陈列柜”，这构成了它们主人大部分的乐趣。甚至一些外表更现代的公共博物馆，例如著名的大英博物馆，在早期也是被严密保护的，只有富人在正式申请后才有进入的权利。现在，尽管我们中大多数人欣赏作为历史“东西”储存库的博物馆，但实际上我们中很少有人真正地去参观这些机构。最近一次对艺术博物馆出席人数的大规模调查是由国家艺术基金会在 2012 年在美国举办的，它表明只有约 20％的美国人在上一年踏入了艺术博物馆或美术馆，而我们中超过 70％的人使用数字媒体形式来满足我们对文化的需求。尽管这个调查仅适用于艺术博物馆，但是其他类型博物馆最充足的报告表明，其出席率自 2009 年起是持平或略有下降的。⑧为了应对这场出席率的危机，尤其是面对网络的冲击，它让某些博物馆的体验能够在舒适的客厅椅子上就能享受到，博物馆馆长正在努力设法找到让参观者们走出家门的方法。这些努力让人想起那些主题公园设计师们的努力。如何让博物馆令人兴奋呢？

这个问题的一个重要推论可能是询问博物馆是何时以及如何不再令人兴奋的。作为一个在多伦多长大的年轻男孩，我很少会期待学校组织的一年一度的皇家安大略博物馆的游览。当黄色巴士停在这个庄严的老房子巨大的门前时，孩子们快速地离开他们的座位，争先恐为地要第一个通过大门，走上与古埃及的亲密体验之路。不可否认的是主要吸引孩子们的并不在于有机会在博物馆大量的两耳细颈酒罐收藏中探索迷人且保存完好的象形文字，相反其吸引力在于有机会在石棺中与人体木乃伊同行。有一种经验的紧迫感和即时性。甚至对我们年轻的、未成形的思想来说，毫无疑问我们正站在真实的东西面前——有机会透过玻璃柜看到雕刻、珠宝和陶器，它们都是难以想象的古老，让我们能接触到时代、思想和用任何其他方式都无法到达的地方。我们中许多人都享受趁保安看着其他地方时候的机会把手探到护栏或障碍里用手真实地接触到古物。我想对博物馆规则小小的违反不仅仅意味着我们想要寻求一种像布伦丹·沃克的 Chromos Ⅱ的见证人们颤栗的快感。相反，我们正试图跨越几个世纪的时间用我们的手指与古代伟大的文明形成联系，毫不夸张地说这是显而易见的。

与之形成鲜明对比的是我最近作为孩子家长的经验——和我年轻时在博物馆令人兴奋的冒险相同年纪的孩子。在一次旅行中，我带我的孩子们去了当地的　家科学博物馆，它拥有一块作为其宝贵财富的真正从月球表面收集来的大岩石。当我们接近这个展览时，我有一点小兴奋，这并非是因为我自已的期待，而是为了孩子们的经历。我想象一个孩子站在一个由外太空的宇航员收集来的真正的工艺品前的感觉。但孩子们的反应让我很失望。他们透过玻璃凝视着灰色的岩石，似乎某种程度上他们期待的东西要比这更多。仅有标本的真实性对他们来说似乎没有多大意义。最近，我问孩子们他们博物馆经历中最喜欢的部分是什么，他们说很享受动物骨骼的塑料模型和“增强现实”感屏幕，这个屏幕旨在展示眼前只有骨骼化石的恐龙活着的时候可能的样子。为了避免过分引导，我问他们工艺品的真实性对他们是否是重要的。例如，当看着一堆骨头时是否会让他们对这是几千年前存活的动物们真实的骨骼化石的认识产生重大的影响？我的问题大多都让他们困惑或者无奈耸肩。在短时间内，重要的事情已经改变了，而且也许不仅仅是对我们的孩子来说。真实性对我们的吸引力似乎被保真度的吸引力所替代。相比起东西是不是真的，我们对东西看起来像不像真的更感兴趣。这一观点的重要改变不仅有助于理解我们对羊毛猛犸象的骨骼的欣赏，而且一般来说对我们如何理解和响应地方与事件都有广泛的影响。

精明的博物馆馆长明白把时钟拨回到能够体验嬉闹的速龙的令人毛骨悚然的三维重建或者对穿过原始热带雨林的坐骑的全动态虚拟现实之前的时间是没有前景的。如果博物馆是为了刺激我们，那么它们使命的一部分就不可避免地要接受与布伦丹·沃克为了过山车首创的以及其他人为了主题公园所发展出的产生令人兴奋的经历所用的相同的方法。在最近参观一个著名博物馆中鲍伊的展览时，我体验到了多媒体体验在增强工艺品收藏的展示中的力量。为了展览的全部体验，游客们或多或少需要戴上一个位置感应耳机来体验伴随着视觉展示的面谈、音乐和背景音乐。通过向我展示与我面前的视频或者工艺品无缝匹配的听觉娱乐，这一展示在个体水平上产生了影响，且毫无疑问，对这类展览来说，通过对我自己的运动展示的复制的科技，经验的力量被提升了。同时，我体验到了在一个拥挤的场所接受一组包含各种情况经验的奇异感，我凝视着一个年轻学生鲍伊的画像，几乎没有意识到空间里的其他游客的分离的孤独感，而我凝视着展示罕见的音乐会的大屏幕上数百人的表演时分享着喜悦。通过看展览时自己的动作和个性化了的真实工艺品与数字拷贝的巧妙融合，我不仅获得了关于鲍伊生活零散的认识，同时还有了一种从兴奋、有活力到敬畏的感觉。关于这一切最重要的也许是观众对这样的展览的情感变化，和被用于追踪我们的行动和基于这种偏好单独定制我们的经验的新兴科技一起，我们已经开始完全改变对博物馆的体验。这两种发展——我们从一个展览中所需求的东西和新工具产生的可能性的改变——已经进入了一个积极的反馈回路。当我们习惯了站在一幅莫奈的画或者一个古罗马时候制作精美的黄金首饰面前感受单纯的力量时，我们越来越需要肾上腺素吸收的情感风格来沿续我们古代和现代文明的故事。对这些反馈循环可以被利用来产生更强大且有效的博物馆体验的理解会继续组成一个博物馆发展和理论的重要因素。

在对测量参观者心理状态的最有野心的尝试中，由瑞士应用科学大学马丁·特朗德尔领导的情感项目使用了与布伦丹·沃克激动实验室的同种尖端工具来测量运动、凝视和艺术博物馆参观者的生理唤醒。⑨专门设计的展览的游客被要求佩戴专用手套以追踪他们走过长廊时候的位置。每一个展览室的接近传感器会记录他们的路径、行走速度和他们在特定对象前面停留的时长。手套还通过皮肤电反应和心率记录来监控游客某些方面的情绪状态。实验者还收集了游客的人口数据并对参与者进行了采访，这样他们就能判定他们的兴趣和他们对展览的反应的艺术经验等变量的影响。实验的结果被作为一系列引人入胜的可视化展现，通过空间的运动路径被生理反应记录所覆盖。

最初的研究结果显示了使用这样一种方法来测量对博物馆艺术作品的心理反应的可行性，但是它也得出了一些关于走过画廊时我们发生了什么的有趣且切实的结论。一方面，在生理测量与游客对他们看到的东西的审美判断之间有一种强烈的相关性，表明身体的测量预测了理解审美反应的价值。或许对博物馆馆长来说更重要的是，实验者还发现单独游客的经验与那些和同伴或者组队走过画廊的游客之间有一些显著的差异。在一般情况下，单独的漫步者体验到与艺术作品更深入、频繁的存在和接触。尽管远离伙伴不能交流的自由的游客更专注于展览并不足为奇，但是这种效应的测量与对变量的一系列仔细测量都可以用来指导那些想要最大化游客参与度的管理者。在我参观鲍伊的展览时，我能够在一种内化和亲密的关系与戴着耳机远离人群的独处之间自由切换，很快我就能加入到令人激动的摇滚音乐会模拟中，这个模拟包括了同步的围观群众的目光、行动（重要的是，我自己的意识）。已经得到情绪项目证明的能够准确描述这些经验的上升与下降曲线的工具的发展，只是能够帮助我们在画廊和博物馆等文化机构中完善起作用的引人注目的刺激因素。

赌博的成功

我在滑铁卢大学时隔壁办公室是迈克·狄克逊博士。他是个高大、绅士且温和的人，正在做一个长期的谱系研究，包括对遭受脑损伤后有视觉问题的病人和出色的同感现象的研究，同感即一个人感官性状的独特组合，例如将数字显示为彩色的对象。狄克逊在这两个领域都有突破性的发现，但是最近他将注意力转移到了赌博问题上。赌场的参观者，或者那些坐在酒吧的视频前的人正在寻找来自只有极低的现金回报可能性的机器的声音和廉价的灯光刺激。这些机器非常有效地从用户口袋里拿走钞票，且在某种程度上，一些人已经变得沉溺于这种刺激，这种刺激让他们失去了财产、婚姻，甚至有时候当他们掉进自杀的绝望的旋涡中无法控制自己的冲动时失去生命。事实上，赌博问题中自杀事件的发生率相当高，比其他任何形式的上瘾要高出很多。狄克逊使用了我所说的能够监视大脑和身体活动的一般工具研究了一些赌博问题。他将实验参与者与皮肤电导、目光和心率的测量仪相连，给参与者展示不同种类使用真正的电子老虎机的赌博场景。参观他的实验室让一个人沉浸在一个疯狂的视觉与听觉环境中，仿佛置身于一个真正的赌场里，因而他的实验室是在我们系里心理学学生志愿者中最受欢迎的。狄克逊的大部分工作都专注于赌场上常用的“损失伪装成赢”的策略。电子机器通过向赌徒呈现一种他们已经赢得了回报的幻觉来运作，尽管从稍微长远角度看，他们实际上是亏损的。狄克逊表明这些“近似赢”引起了心率和皮电值飙升，让赌徒大脑沉浸在无法抗拒的化学强化中，怂恿他们花更多的钱。⑩

我全部的赌场经验来自于几年前与哥哥对拉斯维加斯的访问。我坐在老虎机面前，“喂”它钞票，尝试理解我站的地方闪烁的显示器和叮叮当当的曲调。大约尝试了十几次之后，机器告诉我已经“赢”了很多，但是它把我赢的钱在显示器上转化为了赌博筹码。我的第一反应是坐回我的椅子，非常开心我所拥有的筹码，又再玩了四十几次。我兄弟站在我后面看了我一会儿，就打断了我。“你在干什么？”他问道，“你已经赢了!”“我知道!”我回答道,“这很好,不是吗?我现在有了更多发挥机会了。”“你知道如果你现在停止并套现的话,你就有200美金了吗?”他回答。我从来没有想过机器上抽象的数字有可能转化为真金白银,且我能够带走它们。如果没有我哥哥干预的话,我肯定我会一直坐在机器面前,直到我的200美元被重新吸回赌场金库中(我必须要透露下我哥哥是专业的会计师!)。我离开了机器,把筹码换成了现金,离开了赌场。从此我再也没有去过赌场。

这个拉斯维加斯赌场通过创造一种虚拟氛围将我与美元、美分分离(或者可能是观念上)的能力只是这欲望之地起作用的更大的赌博中的一个小例子,它远远超过了老虎机赔率表的机制和编程,到达了赌场的房间与建筑的每一个角落。在狄克逊的工作中,重点是对单个赌博机器的操作以及它如何影响人的行为,但是对赌场环境设计的研究有一个很长的历史。那些致力于更好的赌博大厅建造的人们做了一些这种工作,而像狄克逊这样的其他调查人员则关注赌博行为的管理问题。可以理解的是,后一种尝试进入运营中的赌场研究者是被谨慎对待的。赌场主人不愿意透露那些帮他们积累顾客的赔率的秘密。事实上,一个已经获得了负责解决赌博问题的政府机构的实质性同意的加拿大研究人员被拒绝进入加拿大赌场进行研究,他不得不依靠站在外面,希望能找到并采访离开大楼的顾客们来进行研究。

像狄克逊研究的电子赌博终端的出现已经在赌场设计中产生了一个重要的翻天覆地的变化。然而老虎机曾经被放在赌场的边缘,处于真正赚或者更有可能是输掉大量钱的“二十一点”和轮盘赌桌区域的外部,被普遍认为是赌场“局外人”的娱乐——女性、穷人和赌场新手,但是这些复杂的机器现在变成了赌场的中心和首席的收入科技。[11]但是赌场的设计工作开始于用户体验的考虑阶段,早在赌徒真的坐在显示器之前就开始了。在传统的赌场设计数十年的研究中,有一些是由传统设计师和建筑师引导的,但是大部分是由赌场老手基于多年的仔细研究和体验来实施的,其中有几个重要的原则规定可以把赌徒引向机器。

人类有一个很深刻的亲和力曲线。我们会被那些包含缓和起伏的曲线的视觉显示所吸引，被显示锐利边缘的展示所击退（可能甚至有点害怕）。这种被写入我们DNA中的偏好可以追溯到最早的经历中，且扩展到了我们自己从一个地方到另一个地方运动的感觉中。我们更喜欢沿着大幅度弯曲的路线到一个建筑或者房间中，而不是直线路线，特别是当直线路线让我们很难从一个地方到另一个地方的时候。尽管这些偏好的来源并不完全清楚，但是值得注意的是我们人类似乎并不是唯一被行走路线的形状影响情感的动物。坦普尔·格兰汀是一位著名作家和动物行为学家，曾经患过自闭症。她说她自己的精神状态给了她能够了解其他动物精神状态的特权，包括农业中的驯养动物。格兰汀在她很受欢迎的解释和她的研究中都认为沿着弯曲的路线被带到屠宰场的动物们比起走直线动物们的紧张感少。⑫她的发现导致了美国屠宰场的广泛变化，以解决一些关于农业动物的情感状态的动物福利问题。在这种情况下，格兰汀认为这种策略是有效的，因为它有助于保护动物免受对它们即将面对什么的看法和影响。这与在赌场游荡的赌徒的比照可能是恰当的。

大赌场设计大师比尔·弗里德曼是一位悔过自新的赌徒，他花费数十年的时间对有效的赌场设计进行仔细的观察研究，最终出版了一本权威书籍《赌场设计帮你主宰竞争：赌场设计的弗里德曼国际性标准》。⑬在书中，弗里德曼不仅描述了弯曲入口的力量，而且列举了他预计会增加赌场的现金收益的其他重要的物理元素。首先，他督促赌场利用名为“神秘”的属性——长期以来被环境心理学家认为增加了一处场景或地点吸引力。从形式上看，“神秘”被定义为进一步对风景产生新信息的调查的可能性。神秘的一个典型例子是森林小径蜿蜒的外观，它导致参观者因为新的风景会出现在下一个路口的希望而进一步深入到场景中。虽然离在乡村小路行走的田园之乐很远，但是弗里德曼认为 赌场中同样的物理空间安排——一组让游客进入的部分闭塞的场景能够对赌场顾客产生同样的磁场拉力。在这种情况下，会增加他们很快坐在屏幕前，把钱放入插槽中的可能性。事实上，弗里德曼的很多建议尽管是通过个人经验和对赌场中人的仔细观察得到的，但是它们与被认为是有历史和天然起源的人类对特定环境的普遍偏好产生了共鸣。我们对景色和避难所这两个地方很高的偏好，可能来源于选择能够保护我们远离捕食者和侵略者，同时又能观察环境的栖息地的需要。使用同样的原则，弗里德曼说老虎机前的赌徒更有可能走进一个更小的提供远离赌场大空间的视觉躲避的凹室中，但是并没有完全切断他们与周围环境的联系。在拉斯维加斯的很多赌场中都能发现这一原则被使用的证据。赌博机器更有可能围绕着一个小空间区域中聚集摆放，而不是放在巨大空间的中心。

在弗里德曼的大多数研究中，他的一个主要建议是赌场的设计应该能最大化赌徒花费在对机器本身的关注上的时间，而非大环境。在他看来，对赌场的墙壁、地板和天花板的关注是潜在利润的浪费。但近年来，一种新的设计理念已经开始在一些赌场被使用。这些所谓的赌场娱乐场是明确被设计来通过向我们展示吸引人的景象和声音给我们良好的感觉，这通常以假装是世界著名地标的大型仿真物的形式实现的。一个人可以欣赏到威尼斯运河，坐在法国路边的咖啡馆或者凝望着大片的绿色森林，所有这一切都可以发生在去往老虎机的路上，或者有时甚至是在玩的过程中。赌场娱乐场的设计理念是通过环境干预措施来增加积极情绪，这会鼓励我们在赌场空间里待得更久，并且更频繁地回到赌场。此外，赌场中的大空间、对称、低调的颜色模式和自然元素的存在会让人产生可以从赌博游戏繁重的认知需求中恢复的效果，这与城市公园对不堪重负的城市人所产生的效果一样。来自赌场模拟研究的实验证据支持了这些想法。事实上，赌场游乐场中常见的设计元素会产生快乐和恢复的感觉，参与者沉浸在这样的模拟中，他们觉得自己更有可能花更长的时间待在这样的环境中。一般来说，赌场中最有效的设计特征的组合是大规模能够让人快乐并恢复的元素，以及所谓的微观设计元素(闪光灯、被包装在一起的不同的机器)，它们提高了特定位置信息的可用性。有趣的是，在这些不同的设计元素促进赌博问题的方法上有显著的性别差异。例如，女性更愿意在不拥挤的环境中长时间赌博，也许因为她们觉得在这样的环境中更少被别人观察到。另一方面，男人赌博时并不受到环境拥挤因素的影响。⑭

总的来说，模拟环境中赌博行为的研究表明，赌博发生的环境会对我们的情绪状态产生一个强烈的但又微妙的影响，而且这样的影响很有可能被转化为赌场的利润。与赌徒被像狂躁地撞栏杆以获得奖励的饥饿的实验室老鼠一样对待的弗里德曼的"击中要害"方法相比，更现代的娱乐场方法则充分利用了环境心理学的愉悦感受。任何赌徒在赌场中为了几轮赌博游戏中支付下一个按揭付款的沉默的感情，可以从很多心理方面得到论证。

商品的欲望

我们被对娱乐、兴奋和改变生活的支付的遥远可能性所驱使而进入赌场，这种机构的供应商在提供设施满足我们那些需求的同时，也确保他们能得到尽可能大的收入和资产。在某些方面，这些让人具有欲望和想象力的娱乐场无非只是用钱换来人工注入到我们生活中的快乐。但是还有其他一些地方，我们首先想到的可能更多是必要性而非心血来潮，然而这些地方的设计仍然是精心打造以最大化其利润的。当我们走进一个购物中心时，我们可能只是单纯地打算要买一双鞋子或者一款电脑游戏，但是在设计上花费的心思往往致力于鼓励我们在这里待更长时间。想让顾客在商场里花更多钱并不用像在赌场里那么激烈。

当然，购物本身是一个古老的活动，它从我们需要物质并用一些东西交换开始就已经存在。在古代文明中，市场是最重要的参与和互动枢纽，而并非仅仅与商品收购有关。实际上，在世界上的许多地方，市场被认为是聚居地或城市中最重要的公共空间——是它们真正意义上的社会资本。正是因为这个原因，西方现代城市中，努力想带回公共空间价值的城市中活动的人们通常都专注于城市市场的重要性。但是为了乐趣而购物的想法是近来新创的，即让一个人将可支配收入花在个人想要的东西，而不是必需品上。随着社会经济结构的变化，社会成员拥有比他们简单的用来满足食物和住所需求的更多的钱，因此为了乐趣、快乐而购物的想法在 18 世纪非常强烈。对那些有东西要出售的人来说，根本没有时间去开始思考如何为了争夺消费者的钱而竞争。为了分得更大消费者份额的全球争夺中的一个重要组成部分永远是在情绪、感性和我们对闪亮的东西的渴望上的竞争。

零售市场发展中的重要的一步在于百货公司的出现——一个单独的、大型的建筑,能够满足从服装到食品和家用电器的综合供应。尽管并非世界上第一家百货公司(早于巴黎的 Le Bon Marché 和芝加哥的 Marshall Fields 百货商店),但与哈里·戈登·塞尔弗里奇同名的在伦敦牛津街的 Selfridge & Co 是第一个明显在设计上重点强调顾客的愉快感觉的重要性的百货商店。塞尔弗里奇坚持拉近消费者与商店里供应的商品、挑剔的客户服务和物理设计元素例如舒服的摆设、让产品更容易被看到的大玻璃橱柜和令人兴奋的陈列摆设(塞尔弗里奇的百货商店中曾经展出过一整架飞机)之间的关系,所有这些都让人想起了现代赌场的一些设计特点,这都是为了让顾客在店内尽可能待更长时间。

一些相同类型的设计原则在第一购物中心被使用——这一美国的发明多亏了一个具有卓越建筑实践理论的人——奥地利建筑师维克托·格伦。作为一个新晋的年轻的建筑学练习生的格伦在二战前逃离维也纳去了纽约,在那里他做了一段时间的歌舞表演者。因为一个在第五大道上拥有皮具商店的熟人,他获得了一份小小的设计工作,期间他重新思考了展示元素,以打破时代的时尚模板——完全统一的、没有空隙的街道外观,更像是今天的银行总部而非诱人的零售机构。他的方法是相当成功的。随着这个和一些其他相似的零售机构的重新设计,格伦去了洛杉矶,开始了他自己的设计事业。在极短的时间里,格伦就发现了一个很大的机会,他设计了世界上第一个封闭式的购物中心——位于明尼苏达州艾迪那的南谷购物中心。格伦的设计理念来源于他的家乡维也纳美丽的公共拱廊,他最终要建立一个解决美国城市设计中的所有错误的新"市中心"。零售领域——另一个像迪士尼理想化的主要街道的实体化,真的只是设计的核心。格伦还规划了这一领域的环境,包括办公室、居民区和娱乐场所。不幸的是,格伦的完整愿景在南谷和其他任何有购物中心的地方都没有实现。南谷购物中心和有相同基因的大多数其他购物中心都远离人们生活和工作的地点,只能开车过去,因此它们都被大停车场包围着。尽管如此,格伦的设计不仅在美国,更在世界上很多其他国家被复制,使得马尔科姆·格拉德韦尔将他认定为20世纪最具影响力的美国建筑师。⑮

大多数购物中心都共享着同样一组基本特征。商场瞄定的主要的租户是百货商店或者折扣店,这样的两个大型机构通过一排小型专卖店相连,形成一个"杠铃"设计。购物者能够在"广场"中找到食物,它们通常是大型的、嘈杂的,满是快餐供应商的形式。美食广场被设计来鼓励为了补充能量而短暂停留,而非消耗宝贵的购物时间的休闲餐厅。早期的购物中心设计旨在小而清爽,这样消费者平均花在每一区域的时间都足够短,可以避免耗尽体力和认知资源,但是近来的购物中心有大量精心的设计,往往让新来的人很难确切知道他们在哪里。室内购物中心通常从外面看起来平淡无奇,密不透风,它们包含的神奇之处在于其外部世界被隐藏了起来。一旦进入,商场的顾客便被带入了一个完全绝缘的、温度控制的、人工细心控制的环境之中。镜子和其他反射面是很常见的——一种让我们因为观察镜像而放缓行走速度的设计元素。蜿蜒的人行道也很常见,在街区的十字路口的商店通常被设定为斜角。这两种特征都让我们心理上很难辨别我们在商场大空间中的准确位置,赌场和屠宰场中使用的舒缓的曲线在这儿也能产生同样的愉悦感。所有这些干预措施,有时被营销人员称为"脚本的迷失"或者有时甚至叫"格伦转移"(尽管坚持社会主义的格伦一定会抗议这个词),它们都旨在影响购物者的心理转变。他们可能只是来商场买双鞋,但是他们很容易被这些技巧改变,而愉快地游览起来——准备并乐意参与,漫无目的地探索,且接受会买各种不在需要清单上的商品的可能性。

但是欲望在其中吗?从零售商的角度看,整个购物经验都是控制购物者的可支配收入,营销的宝典是冲动购买。然而商场或者店铺是被特意安排的,如果我的鞋子穿破了,我打算去买另一双。但是大部分花在购物中心的钱(估计40%到70%)都用在了购物者进入商店时并不打算买的商品上。商店空间的设计通过操纵购物者的情绪状态,能够发挥强大的作用。

对冲动购买的学术研究表明,当人们处于积极情绪状态中时,更有可能有冲动购买行为。[16]事实上，对冲动的心理学研究这一重要的研究领域与很多不同的行为有关，包括非法吸毒、食物上瘾、赌博问题和不安全性行为等，研究已经表明，当我们感觉良好时更有可能采取行动。被鼓励在店内逗留更久的顾客，如果能近距离接触商品的话更容易被诱惑，但是那些接触到了商品，而且有高水平的积极情绪和唤醒程度的顾客最有可能掏腰包。零售商采取各种各样的策略来提高这些积极感受。在一些设计中，通过产品配置将顾客置身于一个美妙的故事中，在里面他们能够想象自己穿着昂贵的衣服和珠宝，从而煽动他们。在非常大的类似主题公园风格的商场中，像加拿大著名的西埃德蒙顿商场，消费者容易被商品复杂的、不协调的布置和展览所唤醒，例如新奥尔良的波旁街等著名地标的巨大复制品，以及全尺寸的过山车、企鹅和潜艇等的展示。这些大型购物中心通常包含主题酒店，这样消费者可以花费一个周末或者更长的时间在这里，当然前提是如果他们如此的渴望的话。

由于冲动对如此多不同的病态行为的重要性，我们有必要对冲动行为的认知和大脑状态有丰富的理解。在一个同时对老鼠和人类的进行的实验室任务中，被试被要求在一个小的但是即时的奖励与一个大的但是延后赋予的奖励之间进行选择。毫不意外，那些有冲动相关疾病的人更有可能选择最直接的奖励，他们的大脑中长期以来与上瘾行为有关的大脑区域——杏仁核、腹侧纹状体和前额皮质被强烈唤醒了。[17]尽管大多数购物者可能并非有临床意义上的购买沉迷，但是它很有可能用同样的大脑结构网络来在去商场过程中调节决策过程。被零售商熟练使用的环境操作会改变这个神经网络的响应性，从而使不必要购买行为出现的可能性加大。

基本的环境设计工具似乎不能积累足够的有利可能性来支持冲动购买，因而为了更细致贯彻消费者的内心状态和偏好，新科技的出现为营销人员窥探消费者内心提供了新机会。在这一领域发展最为迅速的科技之一就是嵌入我们智能手机中追踪消费者运动的定位技术的使用了，苹果公司极好地追踪了每一位访问他们商店的 iPhone 用户，掌握了这些用户购买历史的相关信息。但是与现在网上出现的其他一些工具相比，这几乎只是小孩的把戏。美国和加拿大的手机供应商可能会向那些需要数据中的有效信息来知悉消费者习惯的公司出售从他们客户手机上收集来的信息。这可能包括我们穿过的城市的路径，我们在哪儿驻足，甚至是我们停下来时都用我们的手机做了什么。在某些情况下，消费者主动贡献这些数据，虽然他们并不一定意识到了这一点。例如，健身APP收集了我们行走、骑车或者开车的信息。购买和使用这些数据来了解我们的习惯的业务正在蓬勃发展中。

但是大数据企业开放的已经不仅仅是我们的运动模式了。随着20世纪60年代及之后的心理学家们的工作，我们已经了解到很多关于我们的面部表情与情绪状态之间的关系。例如保罗·埃克曼开创性的研究表明，很多面部表情是跨文化统一的，而且通过对面部肌肉运动的测量这些表情可以被准确地量化——这些肌肉很多是人体中独一无二的，因此它们的唯一功能就是通过刻板模式的收缩来进行感情沟通。这些收缩中有些是稍纵即逝的——也就是所谓的微表情，只出现几毫秒，除了训练有素的观察员，别人几乎检测不到。但是近来这种面部表情的测量已经能由电脑控制了。埃克曼的团队与机器研究专家一起开发了一款能在普通个人电脑和网络摄像头上探测、读取并解释我们面部表情的软件。这个软件在营销界里引起了越来越多的关注，虽然本来主要是用于研究目的的，但是毫无疑问我们将看到这样的工具被应用在销售点上。俄罗斯一家名为Synqera的公司已经发展出了这种在超市收银线上使用的技术。摄像头读取了自行扫描购买的物品的顾客的面部表情，检查他们的采购历史并根据他们现在的心情而匹配特价优惠。⑱

这一旨在挖掘卖家的个人购买史，读取他们当前的状态技术的整体效果，正在影响着我们与建筑环境之间关系的转变，这反映了我们与建筑空间的心理联系之间更为广泛的变化。直到互联网出现前，商人们面临的挑战大多是吸引顾客到他们店里来，并找到让顾客尽可能多地在店里待一段时间的方法。这种赚钱模式现在已经黯然失色了，因为购物者已经有了在任何地方在线购买的能力。随着这一变化，我们看到世界上很多地方的商场和百货商店都在不断衰落。但现在，多亏了移动技术，尤其是追踪我们一举一动的技术，商家能够有效地跟踪我们，整天盯着我们的口袋和钱包，甚至在某些情况下偷窥到我们的内心状态。所以现在哪怕我们选择离开家乡到世界各地购物，引起我们购买欲望的无限的可能性也会一直伴随着我们。

就像性欲一样，我们环境中诱人的地方对我们产生的强迫性的吸引力并不总是令人愉快的。它们可以被用于最优良的样式中——把我们从日常的无聊生活中抽离的游乐园，或者吸引我们走进它的大门，与文化和真实的艺术品相联系的博物馆，否则它们可能很难与呼唤着我们的强大商品进行竞争。但是地方的欲望不可否认的吸引力会把我们从理性变得疯狂。我们会在大规模购物中心花比我们以为应该花的更多的钱，我们甚至会在赌场老虎机面前陷入毁灭性的狂欢中。只要有市场和赌博大厅，精明的商人们就能从对消费者心理和消费环境的理解中获利。事实上，一些人认为在过去的一个世纪里，在全世界很多国家，大规模销售的环境建筑的变化已经在世界上大部分地区产生了作用，我们漫步的空间粗略且强有力地弯曲成了一种有利于激发冲动购买的形状，将那些很少有或者没有商店的地方排除在外了。我们的环境，包括我们大多数的公共空间都被商业化了。

但现在随着更多精炼技术的出现，已经能收集和储存我们个体和总体水平上的习惯、行为和感情的信息，我们设计出了一种跟着我们从一个地方到另一个地方并侵入我们内心深处的环境。有意无意地，这些环境适应中有一些是服务于商业的，它们有效地进入了我们的大脑，访问为了帮助我们应对不稳定的环境而进化的最原始的神经系统，但在充足的环境中，我们很难否认那些远远超过了我们需要的基本的消费冲动，或者我们会进行那些有风险和潜在灾难性的行为。

和心理地理学的其他元素一样，我们对地方欲望情感的根源可以在几千年时间里为了预期和利用我们的优势而建立的对各种事件的适应性反应中找到。创新之处在于以令人炫目的速度和有效性利用这些古老倾向的知识与科技工具的发展。

第四章　无聊之地

2007年全食超市——总部在美国、加拿大和英国都有运营的一家高端连锁超市，在纽约富有传奇色彩的下东区鲍厄里街区建立了它们最大的店面之一。这家超市形成了艾芙隆海湾社区的核心，这一区域包含了一个从鲍厄里大街到克里斯蒂大街占据了东休斯顿街的整个街区的高档公寓。鉴于纽约和很多其他大城市中对似乎不可阻挡的中产阶级的力量的反抗史——一种从资产阶级存在开始就以各种形式发挥作用的斗争，东区居民没有叫停开发就不足为奇了。对富人来说，高质量有机食品和非转基因食品的充分供应在社区中非常受欢迎，但是对大多数住在纽约这一区域的人们来说，他们中很多人祖先都是纽约最初的移民，出售着他们很少有人能轻松买得起的商品的大规模新商店，被他们视为是对城市这部分区域的历史价值观和传统的象征性的侮辱。

可能与中产阶级动荡有关，2012年进行现场学习时我对建筑物的兴趣并不浓烈——不夸张说是这样。在与纽约古根海姆博物馆合作，计划进行一系列心理地理学的研究时，我对这个地方最感兴趣的是这个巨大建筑是如何能矗立在更多云集的是小酒吧和餐馆、酒店、口袋公园、娱乐场和许多风格不同的可能会影响行人心理状态的房屋的社区当中的。当一个城市居民饱餐了一顿美味奶酪后离开了一个古老的小餐厅，走上一个除了他脚下的人行道、道路一边长长的银行磨砂玻璃以及别的街道传来的源源不断的出租车鸣笛声外什么都没有的街区上，内心会发生什么呢？

为了找到这个问题的答案，我设计了一个研究，其中附近的一家突然出现的博物馆——宝马—古根海姆实验室最初位置的访客们被招募来参加一个和我一起穿越城市的散步。在行走中，我精心设计了一系列的城市对比，我带着小组从一个地点到另一个地点，在每一位置上，我让他们回答一些通过智能手机应用程序传递的问题。问题主要是对参与者情绪状态和兴奋水平简单的自我评价，但是我也鼓励参与者们回答一些问题以从他们的口头反应中进行总结——一些关于地点的定性观点。与此同时，我让研究参与者们戴上小手镯以测量他们的皮肤电反应——一个简单但是可靠的对人体自主唤醒水平的视窗，从而知道他们的警觉性准备、注意力或者对威胁的应对。

在这个研究的其中一个地点上，我使用了全食超市中间一段长的、中间空白外观旁的一个位置。为了与第二个位置形成对比，我把访问者带到了几步之外在东休斯顿街稍微以西的地方，这是一个小小的非常热闹的餐厅和商店前面，有很多开着的门和窗，里面是一个快乐而喧哗的场景，行人们聚在一起愉快地吃喝着。

有一些结果是可以预见的，当站在全食超市前时，参与者们尴尬地站着，寻找周围感兴趣的东西谈论。他们对自己情绪状态的评价是与"快乐"对立的，他们的唤醒状态近乎是在我看到的行走中所有地点中的最低水平。绑在他们手臂上的生理仪器显示了相似的模式。这些人觉得很无聊且不开心。当被要求用单词和短语描述这个地点时，"平淡无奇"、"单调"、"冷静"等这些词出现得最多。

相比之下，人们在远离全食超市但仍然处于休斯顿街同一侧的其他测试地点时，会感到更有活力和参与感。他们的自我评价也显示其觉醒和情绪都是高昂且积极的，生理唤醒水平很高。冲进他们脑海的事情都是像"复杂的"、"生动的"、"忙碌"、"社交"和"吃"（而且有很多都是在这个位置！）。虽然这里的人行道上是如此拥挤，以至于实验参与者很难找到一个安静的地方来思考我们的问题，但毫无疑问，他们发现自己在很多方面都非常喜欢这个地点。事实上，即使我们没有设备来有效地测量这些东西，但当参与者们完成研究时，我们能从我们的参与者身上发现幸福或者痛苦的痕迹。在空白外观前面，人们是安静的、驼着背的、消极的。在更有活力的地点时，他们则是活泼而健谈的。事实上，我们很难控制参与者在后一个地点时的热情。我们原本的实验协议是不交谈，只记录他们的反应，但是很快就半途而废了。很多参与者都表达出了结束实验，而单纯地享受这里的乐趣的愿望。①

尽管在实验之前，没有人想过要试图窥探行人在不同风格外观的街道上的身体表现和思想，但是一个城市简单的外观和设计对行为强有力的影响是众所周知的。著名的城市规划专家简·吉尔专门对公共场所的居民行为进行过简单明智且不引人注目的观察。吉尔观察到与开放的、有活力的外墙相比，人们经过空白外墙的时候走得更快一点，人们不太可能在这样的地点停留，哪怕是转头看看它们。他们只是竭尽全力地想要快点走过这个单调的街道，直到他们走到另一边，希望能找到更有趣的地方。②

对关心让城市变得更宜人的规划者们来说，这些发现有非常巨大的影响。他们认为通过简单的在外观上以及建筑物底部 3 米的物理结构的改变，很有可能会影响城市的使用方式。人们不仅更可能在开放而活泼的城市风光中漫步，而且他们在其中所做的事情也确实是随之变化的。他们停下来，环顾四周，感受周围环境的积极影响而处于一个愉快的状态，神经系统也相应变得活泼而专注。由于这些影响的存在，使他们真的想要待在这个地方。由于有这样的效果，许多城市都已经精心设计了建筑物规范来规定新的建筑物要包含一些能够产生快乐和活力的因素：在像斯德哥尔摩、墨尔本和阿姆斯特丹等这些城市中，建筑规范规定新建筑不能简单地空降在土地上——它必须有能与附近其他建筑相匹配的好设计，单位门口的人行道长度有一个很严格的下限，建筑和街道之间的双向玻璃的透明度也有特别规定。在吉尔的观念中，一个好的城市街道应该设计成可以让平均速度为每小时 5 公里的路人每隔 5 秒钟左右就看到一个有趣的地方。但是这一点在全食超市并没有做到，其他任何大型的整体式结构，比如世界各地的银行、法院和商业大厦也都没有做到。

城市规划师更有可能对促进因素的帮助感兴趣，一般认为这些会使城市环境工作做得很好。这意味着关注城市的基础系统——如交通网络、安全、一些基本美学和公共卫生与舒适行走度的提升。换句话说，规划者希望设计能够促进居民的适应性、健康和快乐，让他们没有障碍地完成他们的基础目标。但从心理地理学角度来看，我们可以做到的其实比这些简单的功能性目标更多，能了解一个城市地点的设计会影响居住者的心理状态。

对城市居民个体来说，哪种心理影响是错误的呢？如果城市被设计成无尽的像超市和银行总部的封闭式外壁，人们也许会觉得不快乐，可能走得更快，停留得更少，但是这里最要紧的是什么呢？糟糕的设计真正的风险可能并不在于街道堵满了汽车，路上行人无法动弹，以及行人无法在咖啡馆享受咖啡，而是在于城市伴随着居民人口增长的无聊水平的增加。

在主流心理学中，关于无聊的研究史充斥着有特别厌恶的感觉的个体。威廉·詹姆斯，现代心理学的创始人之一，他认为无聊与时间流逝之间的关系"刺激是快乐体验中不可或缺的要求"。③近代，丹尼尔·伯尔尼去世后，对无聊和刺激状态严肃的讨论和测量可以说是开始于多伦多大学心理学家的工作。伯尼尔的兴趣是在他二战期间在军队的早期经历塑造出来的，因为他是一名外语学生，所以被指派在英国情报队里做极其无聊的密码破译任务。战争后，受这种经历影响，他回到剑桥大学开始了学术生活，在这儿他做了一个艰难的决定，为了转向心理学而放弃了外语研究。

在伯尼尔短暂的职业生涯的第一部分(他很年轻时就去世了，享年52岁)，他转向实验美学研究之前，为人类和动物动机的研究做出了很多贡献。这两者可能看起来格格不入，但是对伯尼尔来说，这两者的联系在于他坚信与食物和性冲动同样重要的一个原始冲动是寻找信息的需要，简而言之，伯尼尔认为我们的很多行为是单纯被好奇心驱使的——以消除我们对新事物的不断渴望的需要。这种需求驱使我们探索新地方的同时，也去看一些艺术作品。在某种程度上，我们对收集信息的内在渴望决定了当我们这样做时会喜欢什么。④

为了阐明信息搜寻作为一个典型的人类行为动力所起到的关键作用，伯尼尔首先转向了被称作信息理论的应用数学领域。这一系列20世纪40年代产生于贝尔电话公司的实验室中产生的想法，实际上是为了帮助理解通过电线的信号传输。信息理论在这种情况下被应用,以描述不确定情况下的沟通原则——例如当一个信号通过导线传递时是被部分降解的,这样只有部分信息是保持不变的。和电脑的二进制数字一样,信息的单位是比特,一比特信息的值可以从0——没有信息,到1——充满信息。使用一些巧妙的数学方法,信息理论可以被用来量化以比特形式包含在消息中的信息数量。这个理论的关键之一在于,为了量化信息,必须要估算信息中单个元素发生的概率。不常发生的元素通常比经常发生的要提供更多的信息。整个消息中添加的所有元素会提供一个数字——以比特形式,这个数字直接地描述了包含在消息中的信息。为了这种具体化,我们可以考虑一个例子。想象你从你的语音邮件中检索消息。消息非常混乱,但是你能够辨别出某些词语。如果你听到一个消息像"……这……为了……和……你",那你几乎不能获得什么新信息。如果你听到"我是……路……晚餐"时,你可能会很成功地找出信息中有意义的那部分。从信息理论角度看,这两者包含着相同的单词量。它们的不同之处在于,第一条消息只包含了在英语中出现频率非常高的词语,因此它们只带有非常少的信息。相比之下,第二个消息包含了较为低频的单词(降低了发生概率),所以包含了更多可用信息。

这看起来似乎是一个从电话输电线技术到对寻求信息的心理学的理解非常长的范围,但是它有一个关键连接点。根据伯尼尔的理论,通过电线传递的信息不仅能够表征信息内容,实际上还能够表征我们感知到的任何对象,包括图片、三维对象甚至是街景等视觉展示。信息理论方法在理解和衡量我们对刺激的追求上的力量体现在,它给了我们一个普遍适用的方法来测量一个场景中包含了多少信息。

所以我们如何使用信息理论来量化像在纽约全食超市前面发现的街景的外观呢?想象你自己正走在这样一条街上:当你迈出第一步时,你看到你右边有一面磨砂玻璃墙,你左边是繁华的街道;再走一步,并没有什么新鲜东西出现;走第三步时还是没有变化;基于你刚才所看到的一切,你已经可以预期在200步的范围内,你将看到的东西了。一点变化都没有。没有信息传递,你的神经系统完全处于未唤醒状态,就像是手机消息中只有“和”和“这”的接受者那样。你甚至不需要沿着全食超市的外观走来看完它。相反你可以站在正对面的街道上立刻纵览全局,你会看到它是由单调的板子所搭建起来的空间,看起来每一处都是完全一样的。它只包含一遍又一遍重复的少量的可识别元素。

现在,参与者站在空白外墙前面时幸福感和兴奋感如此低迷的原因似乎有点清楚了。这些结构并不是在心理层面起作用的,因为我们的生理因素倾向于去一些比较复杂的、有乐趣的且能传递某种信息的地方。这种需求要远比人类单纯的对多样化的审美偏好影响深远。这种需求处于我们非常原始的水平上,而且对动物的行为研究表明,这是一种我们与动物共享的需求。伯尼尔很多关于复杂性对唤醒水平和动机的影响的早期研究都是在老鼠身上进行的,而非人身上。和我们一样,让老鼠自由地探索实验室环境时,它们总是会选择那些把它们指向复杂而新奇的领域的路径。哪怕是在最简单的实验室迷宫场景——Y型迷宫中,在其中老鼠被放在一个笔直的跑道上,尽头是一个Y型路口。反复测试后的老鼠会自发地在左转和右转之间交替选择,虽然除了探索路线外,它们没有特别的理由要这样做。在其他类似的研究中,即使连蟑螂也表现出了这种偏好。

伯尼尔对老鼠和人在环境中的视觉偏好的复杂性的观察结论要比表明我们永远是被驱使着去在我们的环境中寻求更高水平的复杂性、混沌和新奇的东西的结论更加微妙。任何在纽约时代广场、京都涉谷区十字路口或者拉斯维加斯大道的明亮灯光和刺耳噪音下无能为力的人们,都已经知道了这个真相。伯尼尔在他早期的研究中观察到,且在后续实验中也被证明了的是对复杂性来说有一个最有效点。当我们在郊区或者主要城市的中央银行区走过那些长长的零位道路时,我们也许会觉得很无聊,但是如果有太多好东西的话,同样也令人不开心。

心理学家长期以来一直对“无聊”感兴趣。虽然我们可能并不能得出一个精确的定义,但是有一些迹象是众所周知的:时间缓慢流逝的无情感觉,一种可能表现为不开心和厌恶的内在精神状态的不安感,同时还有坐立不安、姿势调整、目光焦躁或者打哈欠等明显的身体症状。但是我们如何来对无聊的心理状态分类呢?它是一种情感吗?还是认知状态,或者别的东西呢?无聊要如何适应兴奋呢?一些研究人员认为,无聊的特点(可能甚至是定义)是一种低唤醒状态。事实上,在一些对无聊进行的实验研究中,似乎当人们被要求静静坐着不做任何特别的事情时,这可能是一种无聊的触发,他们的生理水平是降低的。但是伯尼尔和越来越多的一些其他人近来都表明无聊有时是伴随着很高的唤醒状态的,可能甚至是压力。⑤

最近在由滑铁卢大学认知神经学家詹姆斯·丹克特与他的学生科琳·梅里菲尔德合作的一些研究中,参与者被带到实验中,连接到能够测量他们心率和皮肤电反应的设备上,且被要求观看一些视频。视频是经过仔细校准来引起某种情绪状态的。一段电影《冠军》中令人心碎的场景的视频是为了引发悲伤;另一段展示两个男人在往晾衣绳上挂衣服的视频则是为了引发无聊之情,这两个人只是单纯地来回传递衣架、挂衣服。不出所料地,参与者看《冠军》视频时自我报告是难过的,在看晾衣服视频时则报告说无聊(或者有时是困惑)。更有趣的是,两段视频在参与者身上引起了两种不同的心理生理特征模式。与悲伤相比,无聊引起了心率上升和皮肤电反应水平下降。通常,在其他使用皮肤电反应测量的研究中,一个人可以将值的下降解释为无聊的参与者正在经历唤醒水平的降低。然而,梅里菲尔德和丹克特在他们的研究中加入了第三种重要测量。在实验过程的特定阶段中,他们要求参与者提供用来分析皮质醇存在的唾液样本。皮质醇是体内一种重要的应激激素,标志着被称为 HPA 或者下丘脑—垂体—肾上腺皮质轴的大脑系统的活动。值得注意的是,与看悲伤视频时相比,经过在无聊视频前待的短暂的 3 分钟,参与者唾液中皮质醇水平显示出了增长。⑥长期很高的皮质醇水平与一系列与人类压力相关的疾病,如中风、心脏病和糖尿病有关。

即使是短暂的无聊情节也能够增加衰弱水平的发现与近期其他的研究相匹配,这些研究表明,无聊与死亡率之间确实存在联系。在英国进行的开始于 20 世纪 70 年代的大型、长期研究中,参与者被要求完成一系列调查问卷,其中一些询问他们生活和工作中的无聊状态。2010 年完成的后续工作表明,这些在之前的研究中报告了较高的无聊水平的参与者,在第二项研究开始前死亡的概率明显比较高。⑦

无聊不仅仅简单地迫使我们处于坐立不安的不愉快状态中,或者增加我们体内的应激激素水平。它还可以让我们从事冒险行为。对上瘾患者包括物质和赌博成瘾的调查,表明这一团体的无聊水平要高出一般水平,无聊发作是最常见的复发或者不安全使用针头或性行为等危险行为的预测之一。

梅里菲尔德和丹克特的研究结果表明,即使暴露在一个简短的无聊经验面前,也足以产生压力而改变我们大脑和身体的化学水平。这个结果借用了一些神经科学的观点来论证建筑环境的设计者有理由注意那些可能导致无聊和影响环境复杂性的因素,如在伯尼尔几十年前开创性的老鼠和人类的实验表明,它们可能的确会影响我们大脑的组织和功能。与无聊建筑的短暂邂逅可能会对某人的健康产生严重的危害,这看起来似乎有些极端,但是如果是日复一日地沉浸在同一个沉重而沉闷的环境中的累积效应呢?

这个问题是心理学家长久以来很感兴趣的,尤其是加拿大心理学家唐纳德·赫布,他很早就发现生活在富饶环境中的老鼠在智商上明显高于生活在更艰苦环境中的实验室老鼠。赫布发现生活在富有环境中的老鼠可以用比没它们幸运的实验室伙伴们更少的时间来解决更复杂的迷宫问题。在他首次的发现中,赫布将被他孩子当宠物养大的老鼠与生活在他实验室的老鼠进行了比较。但在后来更严格的控制实验中,生活在实验室内豪华公寓风格环境中的老鼠,与住在 20 世纪 50 年代标准“鞋盒”笼中的老鼠相比,仍然有着有利的优势。之后由伯克利的马克·罗森茨魏希进行的工作表明,被富养的老鼠不仅有更优越的表现,而且它们大脑细胞之间还有更多丰富发达的突触连接。事实上,这一发现是大脑神经科学现代观点的基石,它远非是完全成形的、不变的成熟器官,在整个生命范围内都对环境变化显示出戏剧性的物理反应(这也是为什么我们大多数人都寄希望于通过像“动动脑”等填字游戏和智力游戏来避免随着年龄增长的认知水平下降)。⑧

那么人呢?由赫布、罗森茨魏希和大批其他研究者发现的负责浓缩效果的大脑机制是如此的普通,以至于实验室老鼠的原则对我们是完全适用的。实际上,不同种类研究技术的发展对大脑组织的影响的实验都表明,我们的大脑拥有明显的可塑性。举个例子,专注于表演所要求的严格手部技能训练的音乐家们的大脑活动以及技能相关的大脑区域联结都显示出了可测量的增长。幸运的是,在人类神经科学中几乎没有能与赫布的住在小笼子里面对着四面封闭的铁壁的老鼠相比的经验。这些情况的"自然"实例通常是遭受虐待被父母关在家里很长时间的儿童,除了环境的单调外,通常他们都伴随着巨大的情感压力和饮食缺乏,因此不能拿来作比较。也许与 20 世纪 40 年代实验室老鼠们最接近的人类生活就是人类的单独监禁囚犯了(现在的实验室老鼠通常住在像赫布、罗森茨魏希和其他人所使用的环境丰富的地方。事实上,这些早期研究中的发现大部分来自于对待实验室动物的人性化改变中)。即使从没有精神病史的犯人在经历短暂的"孤独"后,都会经历长期的谵妄,发生冲动和自我毁灭的行为。但是这种经验已经远远超出了单纯的环境多样性的界限。单独监禁的囚犯的社会刺激也被完全限制了,这一点可能与四面墙的牢房产生了同样重要的不良影响。⑨

环境剥夺对行为和大脑功能的影响的一个更好的基准可能来自于致力于精确指出人类精神疾病如注意力缺失综合症(ADHD)的研究。在这儿,家庭环境的综合研究表明,以支持玩耍和刺激的墙板形式的家庭中丰富的物理环境和艺术作品的缺乏,是多动症最强烈的症状之一。⑩这一发现与梅里菲尔德和丹克特的研究结果是完全吻合的,因为他们发现无聊的心理生理迹象在儿童多动症中也有表现。对极端的和更吻合形式的环境剥夺的研究都提供了令人信服的证据表明,环境可以产生压力、冲动和较低的积极影响水平,增加不良风险行为的可能性。在这一点上,我们不知道与日常或设计得很差的城市环境或建筑物进行内部接触会产生何种程度的影响,因为这方面的研究尚未完成。但是基于神经科学易于理解的原则, 和在其他更极端环境中被称作剥夺的和浓缩的影响,加上像那些由盖尔和我的团队在全世界多个城市进行的研究,我们有理由相信这些枯燥、单一的环境对我们的行为产生了可衡量的影响,可能对我们的大脑也是如此。鉴于此,城市街道和建筑物谨慎的设计,考虑到了各类因素的最优水平,例如视觉复杂性,超越了促进社区中心的可走性和活力的简单观念。这是一个特殊的公共精神健康问题。

即使没有复杂的心理学实验发现和对无聊的大脑机制的研究,我们从个人经验的角度也都知道无聊的环境是不愉快的。所以一个显而易见的问题可能是:为什么这种环境曾经出现呢?为什么会有人认为在地上建造一个毫无特色的大型建筑是一个好主意呢?什么促使开发者无限地扩建用信息理论的语言来说是低级的、每个单位都相同的郊区住宅呢?这个问题的答案很多且非常复杂,它们中至少有一部分是超出了心理理论范围的。这个方程最明显的一部分,尤其是对于郊区发展来说,是经济原因。只设计三四种房屋模型,也许只有细微的差别,比起为消费者提供丰富的不同类型的建筑来说是便宜的。而且由此产生的储蓄也转嫁给了消费者,让他们更容易买得起房子——一个重要目标。将千篇一律的房屋个性化需要想象力和消费者鼓鼓的口袋,有钱人会试图通过设计风格或巧妙的景观来创造他们自己的财产。但是通常来说已经使用有限的资源来找房子和购买房产的新房主们根本没有能力再来支付这样做所需的预算。

那我们更大规模的建筑呢?为什么要采用封闭的、让行人觉得无聊的外观呢?经济论点在这里并不能让人信服,因为从这方面考虑,这些公司的设计经费都是很充裕的,对它们来说要将建筑物设计成迷人的街景是毫无压力的。他们不这样做的一个原因可能是它们的业主觉得这些属性并不能带来收益。例如,银行要获得最佳收益似乎并不在于吸引快乐而嘈杂的人群聚集到它们的楼前,它们需要的是进进出出的严肃的客户。友好的外观可能也不符合一些企业想要在顾客心中塑造的形象。我们并不希望照看我们资产的银行处于一个活力而新潮的街道上,我们期望银行是一个安静的、沉思的、带有神秘感的堡垒。

例如出于对经济、图像和对与建筑功能(主要是安全和效率)背道而驰的设计因素的拒绝等等这些因素的考虑,提供了一些为什么我们的城市街道可能并不总是符合复杂性的最直接的原因。但是关于为什么设计不能达到我们的心理需求,至少还有两个其他原因。

其中一个原因与建筑设计的根本性变化有关,即整个建筑的外观变成了一种标志。这一趋势首先是在罗伯特·文图里对拉斯维加斯大道的争议性研究中被发现的，研究认为，它的外观明显变成了其内部的广告，这种趋势是随处可见的。⑪想一下那些连锁企业的建筑外观，例如麦当劳餐厅，在这些例子中，我们可以很容易地从很远的地方且能很快速地(在开车的时候是很重要的)识别建筑物的商标，毫无疑问这种快速识别性是设计目标的一个重要部分。很多疲惫的或者独自旅行的人(包括我自己)在结束了一天在一个不熟悉的地方辛苦的旅行结束后，看到一个带有标志性的建筑时，都会经历一种明显的放松感。整个建筑类型学的设计都依赖于这种快速识别来吸引客流量。超市、银行、餐厅、百货公司和许多其他类型的零售机构不仅依赖于带有它们商标的明确的标志，而且还依赖于它们建筑外观的特定形状来让旅行者们更容易认出它们。事实上，我的孩子和我经常玩一个游戏，在一个新建筑刚开始挖掘时，根据它的形状的最早的标志来猜测一个新建筑物的身份。想要赢得这个游戏并不困难。

正如历史学家萨拉·戈尔德哈根指出的，另一个建筑环境的通用化的原因在于客户方面。⑫尤其是在北美，我们对良好的架构缺乏理解和欣赏，是由缺乏教育所导致的。尽管我们可能会抱怨优质的美术和设计课程的缺失——通常是紧缩削减教育投入最早的受害者，我们却很少抱怨建筑设计的素材从来没有被尝试着加入到这些课程中去，尽管大部分人可能都会同意这才是最有可能影响我们的日常生活的设计的课程。当一个新的丑陋的公共建筑出现时，我们可能会沮丧地摇头。随着这些“怪物”的出现，建筑师的情感、建筑空间通常与住户之间的鸿沟会变大，但是引起这一分离的根源——由于根源于我们基础教育中的理解的缺乏导致了普通人参与到与城市建设对话中的失败，却更少被解决。

从建筑学校的角度看，戈尔德哈根也指出了这种强调后现代主义的程序中的固有偏见——一组很难精确确定的想法，但是与我们生活中主要机构的角色的不信任广泛相关。如果公共领域的建筑物是被委托给被教育得持有这种偏见的建筑师来设计的话，我们真的还能知道结果吗？

最后一个城市环境通用化的原因与我们越来越依赖于信息科技和信息来调和我们与建筑环境之间的关系有关。这种技术产生了零距离的连通性，以真实为代价来强调虚拟。为了理解这与市中心街景很乏味之间的联系，我们只需要花几分钟时间站在任何城市的街角。人类关注的焦点已经明显转移到了我们的手机上，而非是周围的物理环境。事实上，这个问题已经变得如此严重，在纽约最繁忙和危险的十字路口，交通规划师珍妮特·萨迪克-卡恩已经命令在人行道上绘制大型的、引人注目的图案来提醒心不在焉的行人不要看他们的移动设备，以避开迎面而来的车辆。尽管我们这个新行为看起来只是姿势和眼神的简单改变，但这其实是我们使用城市街道的方式的改变，这推动了设计的改变。⑬但还有更为深刻的变化：我们可能不再关心我们的环境是什么样的，因为我们不像过去一样关注它们了。从一个非常真实的意义上来说，我们不再像以前那样了，我们的物理环境也再也不像过去那样真实了。

城市环境中真实与虚拟空间混合的趋势也有其思想根源。事实上，虽然有些人宣称引导了信息技术与建筑融合的一种互联城市和物联网的新趋势，但实际上，这种趋势已经存在一段时间了。正如电子连通性通过弱化物理空间和纬度在我们日常生活中的重要性，使得全球化得以实现，建筑设计的一致化在砖、钢筋和混领土的世界中也引发了类似的趋势。事实上，在他们的作品《小、中、大、加大》中，建筑理论学家雷姆·库哈斯和布鲁斯·梅在被他们称为“通用城市”的论述中提出了空盒子设计。⑭库哈斯在研究中认为，任何形式的建筑装饰，无论是一种特殊的外观设计，特殊安排的街道，或者是特定的文化意象的元素，在某种意义上，都注定是排他的。他说，在一个我们被聚到一起，超越旧文化的界限的世界中，包含历史联系的任何类型的设计都不可避免地会将没有相同的特定的历史设计风格的人们变得疏远。在接受《明镜周刊》的采访时，库哈斯这样说道：

“传统的城市有太多的规则和行为准则。但是通用城市是没有建造模式和预期的。这些城市没有要求，因而创造了自由。像迪拜这样的城市，大约80%的人口是移民来的，阿姆斯特丹则有40%。我相信，比起美丽的中世纪的城市中心来说,这些人群穿过迪拜、新加坡或者港口城市会更容易。对这些人来说,(后者)发出了排斥和拒绝。在大规模移民的时代,大量相似的城市可能是不可避免的。这些城市功能类似于机场,相似的商店总是安排在相似的位置。一切都是由函数定义的而非历史定义。这也是一种解放。"⑮

库哈斯对通用性和功能设计在一个全球化的,即时通讯和连通性无处不在的时代是不可避免的论述可能是正确的,但是除非来自于各类技术的,现在用于通讯和模拟的我们与世界和其他人之间的电子联系,能够完全取代我们的物理环境,在全球范围内被广泛地应用,功能性设计才会产生我在本章所描述过的心理后果。人类已经进化到能在各种特定类型的环境中进行操作,最终达到与我们的生物性相联系的最优水平的复杂性。我们用我们的眼睛、身体、手脚来寻找这些环境,反过来,这些环境的设计和外观通过影响我们的身体,直接利用古老的电路来让我们产生适应性的反应和情绪。这并不是文化性的。这样的设置很有效地让我们适应环境,帮助我们保持最佳的唤醒状态和警觉性,最终让我们自我适应。在一个我们与环境的交互完全是由能够模拟环境突发事件的嵌入式智能和精心设计的接口人工调和的通用设计中,可能对我们来说一切都是完全正确的,会产生一个完美的人类环境。但是为了做到这样,我们需要理解和塑造复杂性,似乎我们更有可能会得到错误的甚至比原先更糟糕的情况。此外,产生完美的、适应性的环境看起来似乎也假定了一种完全仁慈和公正的监督权力。鉴于通过那些为了增加自己的利润,用既得利益来影响我们的行为,包括类似于那些物质上瘾的人的破坏性和自我毁灭行为的发生,我们已经看到了设计心理学的巧妙应用,仁慈的假设似乎是幼稚的。

就像从某些角度看,我们可能喜欢无聊一样,无聊似乎是我们现代生活中一个不可避免的元素,甚至有人说无聊有可能在某种程度上是健康的。当外部世界不能吸引我们的时候,我们可以转而关注我们的内心和精神世界。无聊有时候被认为导致了我们的创造力,因为我们会发挥自己的机智和智慧来对抗无聊的环境,创造出趣味。但是满足了通用性功能，忽略了人类感官多样性需要的街景和建筑物设计——一种假定我们的精神刺激来自于虚拟和电子的吸引人的、经济的命题，去除了古老进化而来的对新奇和感觉的冲动，而且可能不会让人们觉得舒服、快乐或者优化未来人类的空间功能性。

第五章 焦虑之地

在1942年11月28日,波斯顿椰林夜总会的一个勤杂工为了重新点燃一盏灯而划燃了一根火柴,之后将火柴扔在了地板上,因而引起了火灾,导致492人丧生。客人们随即陷入恐慌,成群地涌向大楼的唯一出口——在主入口的旋转门——旋转门很快被试图逃离这个地方的大量人群堵住了。就死亡率而言,椰林的火灾是历史上最严重的夜总会火灾,但因人类情感和环境的实体布局交互作用,造成死亡,人类情感产生的灾难性的毁灭,这次火灾绝不是唯一案例。①

每年的麦加朝圣,有500万人参与。人群情绪高涨,无视周围拥挤的环境,几百人遭到踩踏。同样,体育赛事,街道节日、游行、示威有时会被扭曲,导致人间悲剧。类似的由拥挤而导致死亡的事件催生了一个致力于预防措施的小产业。预防的方法可从限制客容量和减少出口限制,到开发一款提前预测人群流动的复杂模拟软件。但是,尽管采取上述措施,一个简单且重要的事实是顾客在任何建筑布局上体验到的焦虑水平会在个体及群体水平上影响他们的行为。

面对威胁,我们的自然反应是寻求最快的方法使自己远离具有威胁的场所。这意味着我们通常会尽力寻找我们知道的通往最近出口的路。如果无法接近这条路,我们可能会受伤并且无法动弹。尽管我描述的是建筑空间中最戏剧化和可怕的结果,但即便是好一点的结果,同样的影响会在我们穿过大楼或城市从一个地方到另一个地方时持续作用于我们。这样的反应与我们在之前的章节中观察到的反应相对应。在之前的章节中,我们思考了那些吸引我们到特定地点的特征。身在这些地方会使我们快乐和兴奋。

焦虑是正常且可适应的。从心理学的角度来看，当我们预见到某类令人不愉快的事情时，焦虑水平会上升。这些事情可以是生理伤害或者被迫将内在状态暴露于陌生人眼前。就像我们将手远离火炉以免烧伤这一正常反应一样，我们的内部机制在需要评估环境威胁并作出有效反应时会进行更复杂的反应，这是合情合理的。在建筑的布局中，当我们针对感知到的威胁而作出的有效反应因某些原因不能实施时，困境就产生了。在这样的情况下，我们被迫处于高度感知到的、有威胁的、令人不快的场所中，会产生神经和内分泌方面的反应，这会引起我们的精神病变或使我们的心理健康受损。

精神上的都市病理学

因为某些还不了解的原因，与焦虑有关的精神困扰在城市中的发生率更高。生活在城市中的人在焦虑症、抑郁症和精神分裂症上的诊断率比生活在乡村的人高。社会经济状况的差异、与毒素和病菌接触的概率以及许多其他类型的城市布局中特有的环境威胁都被认为是城市中精神疾病比例高的原因，但尚未被完全证实。一些研究认为，社会因素如邻里凝聚力(或者更准确地说是邻里缺失)可能是这些病症在城市中具有高发率的原因，这一说法更有说服力。例如，有一个邻里凝聚力的调查涵盖了邻里流动性、单亲家庭比率、家庭规模。其结果显示，凝聚力越强的邻里越不会发生焦虑或抑郁。②这些发现很重要，因为它们表明控制这些疾病发生率的因素也许能通过城市设计的方法来改善。一个很有意思的研究发现，城市环境中的自然空间可能会降低城市人口中患精神病的风险，并且发现减少城市精神问题的工具掌握在建筑师和城市规划者的手中。③但是除非我们进一步了解城市生活如何引发精神疾病，否则很难把握减少患病风险的设计干预措施。

在一个关于都市化对脑活动影响的开创性研究中，海德堡大学的迈耶-林德伯格博士带领的由德国与加拿大的神经系统科学家们组成的小组取得了一个惊人发现。④在他们的脑成像实验中，当被试的脑活动可视时，实验者问被试困难的数学问题——这是一个关键变量——

实验者通过告知被试他们的数学任务比预料中还差来让他们处于消极的社会压力下。换句话说，被试得到关于他们成绩的错误反馈，即使他们在任务中发挥很好，也会被告知犯了错。如预想的那样，通过测量被试的汗腺活动，发现他们在实验中都出现了强烈的压力唤醒信号。在这个例子中，焦虑的来源很清楚——使被试认为他们暴露了自己重要的一面——数学能力低下。最有趣的是由这个程序所产生的脑活动图像在被试的成长环境和现在的生活状况上差异很大。生活在大城市的人比生活在小地方的人在扁桃腺上呈现更大程度的激活。不管现在的生活情形，那些在大城市长大的人比在乡村长大的人在扣带回皮质上表现出更强烈的反应。扁桃腺和扣带回皮质这些大脑区域组成了神经回路的重要部分。我们借助神经回路对情感性事件尤其是具有威胁性的事件作出反应，以及学习环境和它们的可能结果之间的联系。这些发现的重要性在于它们说明了那些生长或生活在大城市的人比那些生活在农村地区的人在面对引发焦虑的社会情境时会表现出更强烈的大脑反应，这些发现为城市生活对我们大脑产生影响这一观点提供了重要线索。研究结果显示，在拥挤的环境下，我们被迫与大量陌生人共处，我们试图协调自己的行为模式，适应周围人群，这使我们产生了一系列社会压力。脑成像研究进一步发现，这些长期的社会压力实际上会改变大脑关键区域参与应激反应的调节方式。

地理位置追踪精神病学

最后，要解开城市环境和行为间复杂的关系，需要对生活在城市的人们承担的、作为他们生活中一部分的日常事务作更详细的了解。如今，新的研究方法依靠位置追踪智能手机，这使得这种研究成为可能。荷兰马斯特里赫特大学的 Jim van Os 正在研发一种方法，借用这个方法，研究者可以追踪被试在他所在城市的移动，能精确地知道他们何时到达潜在的压力环境，比如吵闹拥挤的列车站台或繁忙的超市。被试可以就地说出自己的情感。⑤他们甚至能在原地接受一些认知测验，现场评估他们处理当时状况的能力。这种研究方法可以结合迈耶-林德伯格使用的脑成像技术用来揭示那些时不时出现的、充满压力的都市生活经历对个体心灵造成的影响。

迈耶-林德伯格小组进行的这个研究最终可能从微观上解释了城市病态的产生源于我们在拥挤城市中的非自然生活方式。但是比这更令人激动的是它预示着一种可能性，即这项研究描述了环境-大脑的关系模型，这样就能使工程师有意改变我们的城市习性，为痛苦的城市居民提供治疗手段。如今，有些智能手机已经能建立地理隔离，即能够触发我们的手机执行简单命令的地理区域。目前，这样的地理定位最常用在事项提醒上，例如，当我们离开办公室时，手机会提醒我们去超市买生活用品。但是，如果它能针对个体在城市中常去的地方建立一个个人压力地图，那么当我们每天过度地接触压力源时，手机的地理隔离功能就会发出警告。它就像射线计量器，工人用它来监测射线，以保证每天的 γ 射线不超标。除此之外，这个设备还能了解我们的习惯和弱点，并警告我们适时地去安静或有舒适的绿色的场所休息一下。

我最近和埃德·帕森斯(一个地球空间信息工程师，自称谷歌欧洲武器的亲善大使)进行过讨论，他坚信我们与地理学之间具有个性化的联系，因此使设备展现的世界与我们的自身选择倾向一致，是公司的主要目标。⑥尽管我对这种个性化地图的广泛运用和随之可能引发的社区的消失感到害怕，但是，不可否认这种设备具有一定的情感弥补作用，这具有一定的吸引力，患有严重精神疾病的患者会使用这种情感弥补来使自己远离会加重他们病情的环境。一个更引人深思的问题是既然大部分人拥有在城市奔波中自我恢复的能力，过着典型的城市生活，那么这样一个能鼓励他们将自己与痛苦体验分离的设备能在多大程度上使大众受益。什么时候一个用来减轻痛苦，帮助我们克服精神折磨的假体成了一个可能会妨碍我们体验生命的变幻莫测和高峰时刻的多余支撑?

怀疑主义者也许认为我们已经知道自己什么时候承受极大的压力，并且问题并不是知道何时应该逃离以寻求庇护，而是找寻逃离日常生活危机压力的机会。而且有理由怀疑即便我们有规避城市压力的能力，但我们是否拥有敏锐的情感。例如，当我为了研究人类和环境交互作用的心理地理学而来到孟买时，我被那复杂的“舞蹈”(像是芭蕾和跑酷的结合)震惊了。行人穿梭于车辆来来往往和喇叭声不绝于耳的拥挤街道。当我问当地居民他们如何处理这样的每天的令人肾上腺素上升的情况时，他们通常回我一个疑问的表情，然后耸耸肩，说“这没什么大不了的，习惯就好”。为了对他们进行测试，我让一组行人站在繁忙的交叉路中央，然后直接测量他们的生理机能。尽管测试结果显示此时被试的心情比站在附近花园时的心情差，但自我报告唤醒水平却不出意料地与他们之前提供的报告一致。另一方面，他们的汗腺反应打破了纪录，这表明尽管他们可能感觉被吵闹的汽车和摩托车包围没什么稀奇的，他们的生理指标却与我生气时的反应一样。人类非常有韧性。我们能适应的环境范围很大，即使是令人很不愉快的环境。但是心理弹性并不意味着机体和中枢神经系统的压力反应部分停止工作，它们升高血压，增加血液中的皮质醇，最终使我们在身体和心理疾病面前更加脆弱。

尽管长期不愉快的城市生活与我们在实验中表现的对社会压力的反应有关，这点着实具有吸引力，但幸运的是只有少数生活在城市的人遭受精神疾病的困扰。这意味着拥挤的人群，嘈杂的鸣笛以及陌生人偶尔的冒犯并不一定造成抑郁、广泛焦虑和精神病。人们很早就发现精神病在某些程度上可以遗传，也就是说可能它在根源上具有遗传的性质。关于此方面，研究者们也开始将注意力集中在关键的基因—环境交互作用上。有一种基因，它决定一种叫“S 神经肽”的神经递质受体，这一基因跟与压力有关的精神病相关。不仅存在与病理性压力反应(如严重焦虑)相关的基因，并且，与城市—农村居民脑成像研究相似，在实验中，检测到体内有疑似 S 神经肽的个体面对社会压力时具有较高的杏仁核反应，前面的研究中，久居城市的个体身上也有类似反应。⑦这个有趣的发现加强了城市化与精神疾病之间的联系，即使在城市压力面前我们的大脑均作出了反应，但只有那些携带 S 神经肽受体基因的个体才会因此面临患上严重精神疾病的风险。

如果有研究进一步证实这些早期发现，那么将更有可能实现使用个性化的便携式压力地图来减少我们在有害城市环境中暴露的程度。

基于基因易损性建立的压力地图会放大理论压力地图，理论压力地图的数据来源于我们在熟悉环境中报告的反应。在这样一个基因指纹不再昂贵、顾客可以随时买到的时代，压力地图的概念不再仅出现在科幻小说里。也许更重要的问题是在多大程度上准许这种基于过去经验和基因结构的心理反应地图引导我们的活动。

关于形状

我们一直讨论的这项研究表明，能引起焦虑的环境具有一定的特点，不断暴露于这样的建筑环境中会导致大脑发生变化，这种变化使我们对压力的反应更大。一些人在基因表现上对压力事件有病理性的高唤醒反应倾向，他们最终可能发展为严重的精神障碍。但是，到目前为止，关于识别城市环境的哪些特征导致这种结果方面，我们几乎还没有进展。但是有一些明显的候选因素，如暴露于过大的噪音中，会在从工厂的楼层到繁忙的街角的每一种环境中影响认知行为和情感，这点早已为我们所知。正如我们看到的，在感觉的复杂性上有一种最佳界限，一旦超过，它就会促使我们采取措施来避免伤害以及寻找遮蔽。那么长期暴露于城市环境的基本风险中如危险的交通，会加剧焦虑也就说得通了。但除了这些干扰城市平衡的明显因素外，有可能正是我们周围建筑的形状导致了城市忧虑。

在 2007 年，多伦多见证了它的庄严而古老的安大略皇家博物馆的新地址的完工，这一举动备受争议。安大略皇家博物馆始建于 1914 年，安全且采用意大利风格，并且在 20 世纪 30 年代进行了扩大，但更多采用同样的传统的建筑风格。新的地址由解构主义建筑师丹尼尔·利博斯金设计，为了纪念一个主要的捐资人而命名为“Lee-Chin 水晶”。它由大量的玻璃和不锈钢组成，包括尖锐的轮廓，以及缺少平衡和定位，令人眩晕。尽管有评论家赞扬它是一个预示在保守中的最先进的建筑设计的新时代的杰作，是多伦多的维多利亚式景观，但它也饱受谴责。城市迫切希望通过聘用一个享誉全球的明星建筑师来将自身铸造成一个世界级的目的地，但是人们认为这是一大败笔。因为有评论者将其描述为“外星人的粪便被扔进了这处景观”，行人都强烈谴责这个博物馆周围的室外公共场所的转变，并抵制这个开放的、被风吹斜的建筑坐落在这个水晶建筑之下，且认为从高处看它还会摇晃。许多人对此表示担忧——并不是完全没有根据——在加拿大的整个冬季，这个危险的冰柱会从这个建筑的偏离角度和尖锐边缘掉落。博物馆的一些狂热者声称不会再踏进这里。在 2009 年，这个水晶建筑被虚拟旅游网(一个为世界的旅行者们提供信息的网上入口)的成员投票选为世界第八丑的建筑，并且在同年，《华盛顿邮报》将它命名为近十年最丑的建筑。许多严厉的评论家引证这个新的建筑的无用，尽管事实上它允许博物馆展示了许多之前被贮藏的手工艺品。很少有评论者克服他们对这个建筑外观的厌恶，去看到它巨大的内部空间的价值，巨大的、流畅的大厅，以及令人震撼的、印象深刻的用来展示博物馆收藏的著名的恐龙骨架的走廊。这个建筑的所有价值完全被它外部体积中参差不齐的边缘所掩盖了。什么能对丹尼尔·利博斯金的作品的这样一个恶意攻击负责呢?

一个关于心理学和美学的长期的传统研究表明，我们对于弧度轮廓有一个相近的普遍偏好。这个偏好表现在许多不同类的材料上，从简单的形状——甚至是凸版印刷——到建筑的内部。我们把弧度看做是柔和的、诱人的、漂亮的，而认为锯齿状的边缘是坚硬的、令人厌恶的以及标志着风险的。⑧ 对这两种轮廓的对比说明通过触发不断进化以警告我们环境中的危险的原始电路时，即使是对于建筑环境的低级感知属性也能引出强烈的反应。多伦多大学的神经科学家奥信·瓦塔尼安的工作表明，当人暴露于建筑物内部的弧度或锯齿状的轮廓中，我们大脑活动的模式会发生改变。弧度的呈现引起脑区像前额皮质和扣带回皮质的强烈的激活——这些脑区与赞扬和愉快有关。锯齿状边缘会引起扁桃体活动增加——它是我们侦查害怕和反应系统的一个重要部分。在建筑方面，弗兰克·格里的毕尔巴鄂古根海姆博物馆的优雅的弧度使著名建筑师菲利普·约翰逊在第一眼看到它时会激动得流泪是很有可能的。相反地，由利博斯金在多伦多的作品引起的强烈反应与建筑师 I.M.佩为卢浮宫的新入口通道的设计引起的反应尤其相似，它们都会使他们最初的大脑反应模式与我们的内在需要相联系以求识别出可怕的环境风险。

直线以及尖锐的角度不但不受人喜欢，还被认为难看，而且生活在其中会对我们的行为产生巨大的影响。由来自柏林的洪德堡大学和海法大学的研究者们组成的国际性小组对社会判断进行了一个实验。实验要求被试从圆形或锯齿状边缘的拼图中拼出一个陌生人的肖像。被试认为那些由锯齿状边缘组成的脸比那些圆形组成的脸更为冷酷以及更具攻击性。在一个有效的后续研究中，被试被要求加入一个常见的经济上的决策制定游戏中。在游戏中，他们可以选择合作性地与同伴共享获胜品或带有攻击性地独享。被试在两个不同的房间进行游戏，每个房间的墙上都用由抽象的形状组成的拼贴画装饰，但一个房间用尖锐的、有角的形状装饰，另一个则用圆形装饰。处于尖锐的形状包围中的被试明显比在圆形轮廓包围中的表现出的行为更具攻击性。同样的，这些实验表明我们周围的轮廓形状能使我们感到舒服、愉快或焦虑、害怕，而且它们也能影响我们对待他人的方式。这样的影响似乎很深。3 岁的幼儿表现出了相似的对弧度的偏爱，这表明我们对几何形状的偏好在很早就产生了，并不依赖于成年经验或品位。⑨

从进化的角度来看，我们会讨厌尖锐的边缘和角度的原因就再清楚不过了。这样的形状可能是牙齿、爪子或其他危险的边缘，并且我们会习惯远离它们并转向更平滑的表面。暴露于这样的形状中会对我们的行为产生影响，包括从简单的偏好到复杂的行为如社会判断和合作的团体行为。这一证据与具身认知的最新观点也一致。在具身认知观点中，温度和亮度会对我们对于人类关系的观点以及亲社会行为和道德行为的倾向性产生影响。

其他方面的恐惧

除了明显的因素如形状、噪音、超负荷感受以及暴露于环境威胁中以外，有一个超越其他所有因素的单一因素，也是现代建筑环境中引起焦虑的一个潜在刺激，那就是人际的因素。简单来说，现代都市生活要求我们与陌生人住得很近。考虑到进化时间的广泛延伸，对我们来说这种事情是非自然的、我们的生物上的遗传，以及我们的智力系统所适应的生活方式，比如生活在个体组成的小群体中（大部分是亲属），以及在一个群体中我们能熟知外貌、性格和习惯的人不到 100 人。从某种程度上来说，我们的祖先只住在由最初的棚子建成的建筑中，这个棚子主要是用来贮藏他们的所有物而不是住处。从明显暴露于亲属的注视下的生活方式向现在的都市规范转变的速度很快。现在我们和很多人离得很近，而我们对有些人根本一无所知。此外，正是这种在陌生人注视下的长期的生活状态可能需要对由迈耶-兰兹伯格小组证实的社会压力的大部分负责。在我们生活在陌生人中之前，信任和隐私的概念和我们现在看待它们的方式完全不同，甚至可能是多余的。在小的农村中，大半辈子生活在别人的注视下的人，很少有自己的隐私，甚至是远离群体生活的一个内部生活的概念对他们来说也是不甚明了的。正因为如此，信任——我们认为依靠他人以一个可预料的方式行动，我们就能对他人的内部状态足够了解的一种状态——会比它为那些大半辈子生活在墙后的现代人所做的拥有更少的意义——不管是实质的还是隐喻的方面。

最近出现了很多对关于建筑格局影响人际关系的方式的讨论，大多集中在物理设计的元素如何影响我们的和睦，并相应地影响我们的行为方面，包括我们对开放居住、公共场所的渴望以及以我们的方式帮助其他人的意愿。许多研究关注于我们对空间的所有权或领土状态的感受的重要性上。美国建筑师奥斯卡·纽曼声称没有增强所有权感受的物理设计的特征导致了著名的普鲁蒂艾戈的惨重失败——它是在圣路易斯的一个主要的公共的住房区建筑，主要向那些由女人支撑的无依靠的单亲家庭提供住处。但几乎是从它建成那时起，它就破损了，并成为了一个严重的犯罪集中点。纽曼认为产生这个后果的主要原因之一跟它的共有的场所的设计有关。因为居民没有一种对这些场所所有权的感受，所以它是空的、无人照看的、闲置的。最终，因为过多的公众关注，普鲁伊特艾戈被作为一个败笔记录下来并夷为平地。最近的更多关于失败的分析表明，在进行建筑设计时它最少与经济、政治和种族主义有关。⑩但尽管如此，纽曼的分析帮助开创了一个新方法，即如何在住房发展上通过墙、门口以及公共场所的安置来提升环境的安全性和可靠性的方法。他的有重大意义的出版作品《防御的空间》概述了一系列明确的建筑设计特征，他认为这些特征能通过在它的住户中提升社区情感和共有的警觉来挽救普鲁蒂艾戈。

在相对平缓的潮流中，其他研究揭示了一个建筑的内部或邻里的布局如何能影响我们对周围人的感受，并因此影响我们对他们的行为。在这样一个研究中，实验者用一个聪明的方法测试亲社会行为。方法包含散落在地上的有邮戳地址的信，将陌生人捡起这些信并邮寄的可能性作为亲社会行为的测量方法。他们是在一系列有完全不同设计特征的大学寝室实施的这个实验。高楼里住着许多在一天中很少穿过走廊的学生。中低等密度的建筑，如低层或城区住宅有更多的共享设施，包括餐厅，在那儿学生能在一天中很明确地至少看见某个人一次。研究者发现掉落的信的返回率很大程度上受到当地的建筑布局的影响，低密度建筑中有着最高的返回率（实际上在这样的建筑中返回率达到100%），而多层建筑的返回率最低（仅仅刚超过 60%）。⑪相关研究显示，在社区中住在多层寝室中较低层的学生比那些住在更高层的学生可能拥有更多的社交网络。也许是因为住在底层的学生更可能使用在底层的公共区域，因此这会增加认出他们的合住者的可能性。底层住户在他们的邻里中似乎有更高的信任度，并且比那些住在顶端的人对于生活安排更开心。

这些研究以及很多相似的研究所揭示的是组织我们的建筑环境的方法以及它所影响的我们每天与其他人交往的方法，会对我们对信任的感受、我们帮助陌生人的意愿以及我们生活条件的幸福感产生一种实际的影响。这个研究包含了对那些想影响我们的社交的城市规划者和建筑师来说很有价值的课程，它也为进一步认识场所和焦虑的关系指明了道路。为了了解这种联系，我们需要简单了解我们被陌生人包围的环境条件是什么，而这些陌生人使我们难以表现出友好的亲社会行为。对于这个问题的可能答案，大部分归结于一个简单的想法：因为害怕被伤害，所以我们与陌生人保持距离。这个结论看上去可能很极端。尽管身处陌生人中，我们大部分人的行为有所保留，但是要把这种保留的原因归结于我们害怕当自己走近一个陌生人，微笑并开始交谈时，就是冒着他们伤害我们的风险，这就未免有些过于夸大了。并且我们为什么不向陌生人打招呼是因为害怕将隐私的内在自我暴露于一个不了解的局外人的审视下，人们认为这仅仅是一种不同的风险，是我们生理上会本能避免的，这一说法也是不合理的。住在陌生人包围的拥挤环境中会发动一个防护性的推动力，这个推动力的范围之广，从我们简单的缄默到在公交上与旁边的人交流，再到我们不愿在天黑后穿过自己的社区散步。不管怎样，这些反应都是对非自然生活环境的适应，而这些环境会警告我们存在的风险并引发某些水平的害怕或焦虑。

对犯罪的恐惧

在 1969 年，斯坦福社会心理学家菲利普·津巴多做了一个简单且大胆的实验。他把车停在两个不同的地方——一个在纽约布朗克斯区一个不确定的社区，另一个在加利福利亚的帕洛奥多，靠近他任职的大学。牌照从车上取下并且车篷也升起来了，这意味着这些车因为机械故障被留在原地。津巴多的助手在附近等待，用摄像机记录下来。在布朗克斯区，丢弃的车很快被卸光，这个破坏的行为几乎就在助手们移开视线并设置摄像机之前就发生了。在帕洛奥多，那辆车在那完好地过了很多天。事实上，一个路人在暴雨天还放下了车篷以保护车子内部。津巴多将这一明确的结果归因于两个不同社区里的社区感受和相互作用不同。正如普鲁特艾戈的过道并不明确属于任何人一样，人们不认为布朗克斯的街道是一个社区公共场所的一部分，也不认为看守并爱护场所的财物是社区对居民的内在要求。

在实验的第二个阶段，津巴多采取了一个额外步骤：他打碎了在帕洛奥多的车的挡风玻璃。没过多久，他开始在第二个地方看到和在布朗克斯看到的一样的对车的偷窃和破坏行为。一组研究人员——政治家詹姆斯·威尔逊和犯罪学家乔治·科林——在实验后不久，将这一简单的观察作为描述为城市犯罪原因的一个新理论的奠基石，在《时代》杂志的一篇文章中进行了介绍。威尔逊和科林所谓的“破窗理论”的关键论据是破坏的物理标志——破损或封住的窗户、杂物或涂鸦——作为没人关心的周围环境和鼓励犯罪的明显标志。如果威尔逊和科林是正确的,那么一个关键的推论是努力减少物理混乱的标记能减少犯罪。城市官员们对于这一理论和它明确的对于减少犯罪的指示的采用乐此不疲——首先是威廉·布拉顿,他是纽约市公共交通系统的安全负责人,他为净化地铁系统做了很大努力。之后是纽约市长梅厄·鲁迪·朱利亚尼,在布拉顿(现纽约警察局长)的协助下,将不正当行为的定义扩大到包括社会动乱,轻微的罪行如公共醉酒、小便、逃票和行乞。一个在物理和社会动乱方面的镇压紧随其后,包括允许警察拦住、询问并搜查街上任何的一个可疑的个体,这一强制性做法饱受争议。在纽约或美国和美国之外的一些其他地方,在这些倡议之后,严重的犯罪率明显降低了,并且在城市犯罪中“破窗理论”的运用被称赞是成功的。⑫

人们对关于“破窗理论”的研究和争论的热情一直不减。评论家认为朱利亚尼当政期间看到的纽约市犯罪率的下降与城市居民生活标准的普遍提升有关,尤其是失业率的急剧降低。像这样的经济因素可能会对许多犯罪施加一个向下的影响。犯罪数据的空间分析显示,减少不正当行为的周到的方法和观察到的犯罪率之间的适合度,尽管有时被肯定了,但并不像威尔逊和科林的理论所认为的那样强烈,而且设计来审视社区不正当行为的方法对穷人和失业者具有歧视性。但不管不正当行为的方法能否有效预测犯罪率或不正当行为的减少能否减少犯罪,在骚乱的环境影响上都有一个第二的关注点。这个第二的关注点,尽管不经常被犯罪学家们公平看待,但它也许和我们在城市中的情感生活质量有很大关系。这第二个因素就是我们对犯罪的恐惧。

在一个从欧洲国家中广泛抽样的对犯罪恐惧的调查中,大约三分之一的被试报告他们有时警惕着自己的行为——远离城市的某部分,警惕计划的散步路线,改变他们生活中事件的记时——出于对个人安危的考虑。⑬北美的研究也显示了相似的模式。在一个美国的大型研究中,足足有40%的被试说他们害怕晚上在家周围一英里的地方散步。

甚至当他们在家里时(大部分是女性)都有些担心入室抢劫。⑭这些数字和每年实际报道的犯罪数据明显不符,而且甚至是在报道的直接案例中,也有占国家人口的大约1%到2%。此外,真实犯罪的发生与我们对犯罪的恐惧之间的关系很微弱。例如,尽管瑞典的犯罪率在所有西欧和北欧国家中最高,但是这个国家以及其他北欧国家对犯罪的恐惧都是很低的。某种程度上,我们对环境的恐惧和它真正的风险水平之间的断节可能存在复杂的社会原因。我们对最糟的犯罪的恐惧,例如杀人,是偏离现实最严重的,但这可能是因为这样的犯罪最可能出现在媒体报道中。我们普遍的恐惧水平被我们对社区的感受、与邻居的联系和对警察力量的信任给调和了,这些因素很大程度上会受到社会和政府的政策影响。但尽管有这些调和因素的影响,有人可能认为我们对犯罪的恐惧与真正的犯罪相比太高是适应不良的,因为它干扰了我们日常生活的正常进行。但是根据单调的犯罪可能性来思考,个人威胁的风险以及通过个人行为改变来减轻这些风险的代价,这个方面还不清楚。

在我职业生涯的早期,我学习了动物行为。动物是如何安排它们的生活以完成它们最终的生物使命来繁殖,由此确保将它们的基因复制给未来的一代?我关注的焦点在于被捕食动物采取什么方法来避免被捕食者杀害。这项工作的大部分是在实验室完成的。在那儿我详细设置了装置,如飞翔的纸板老鹰,这是为了引导实验室的动物像兔子、老鼠和沙鼠为了活命奔跑并寻找栖息地。但是为了获得一些捕食一被捕食的交互作用的第一手资料,我以我的职业兴趣为借口得到在肯尼亚的一次冒险(这件事被我的相当敏锐的系主任称为“埃拉德的胡闹”)。基于当时我对非洲野生生物的了解大部分来自观看艾伦·鲁特的著名的自然纪录片,所以我想看到猫科动物和瞪羚之间激烈的追赶。当我在马赛马拉,在一辆由我的导游(他对于让我们滞留在愤怒的羚羊和大象群中有一个很好的诀窍)驾驶的吉普的后面,我天真地希望我能够看到潜伏的猫科动物向粗心的被捕食者匍匐前进,所有都在壮观的追捕中达到极致。我有这样的梦一般的想法,即不知为何我能识别出是什么从一个失败的逃避中分离出成功的。逃避被吃掉的神奇的准则是什么？在捕食—被捕食交互作用中，我的第一个也是最重要的课程根本没花多长时间。与其说它是潜伏与追捕的游戏，不如说是枯燥的经济学的一种。在热带草原宽广的地面上，捕食—被捕食之间最常见的交互类型就是一种平静的僵持——一个仔细计算代价和收益的游戏。瞪羚站在兽群中吃草，可以看见一只单独的非洲猎豹。这只猎豹观察着这个兽群。所有瞪羚都准确地知道发生了什么，但是它们没有在恐慌中逃向最近的山丘。它们想尽可能久地吃草。逃跑距离——猎豹要缩小它和瞪羚之间的距离以击败一个受害者的距离——被仔细计算了又计算。只要瞪羚还在这个距离之外，它们就相当安全并继续觅食。这里的课程跟不必要的警告和逃跑距离之间有一个需要付出代价的联系，当这样做有意义时，被捕食动物要适应这样的方法，仅仅为了承受那个代价。这个游戏的长期产物很大程度上依赖于这些代价的精确计量。

让我们回到非洲撒哈拉沙漠以南的平原并思考城市中的生活吧。不管何时我们基于焦虑感受做出一个决定——我们正做出有如马赛马拉的一头正在吃草的瞪羚一样的行为。我们可能选择驾车而不是夜晚步行，或我们可能完全取消一个计划。为了远离我们认为危险的区域，我们可能选择一个更长的路线；为了避免与一群在街上乱扔杂物的人近距离接触，我们可能穿过街道或掉头或原路返回。这样的选择是经济型的决定，它是在我们对我们真正想要做的事的相对收益和做了之后可能降临的风险之间的权衡的基础上得来的。当我们采取适应性行为，这些风险和利益的计算就是作为焦虑水平，是我们自身真正感受到的。考虑到我们似乎普遍高估了风险，有人可能认为我们在不必要地阻挠我们的欲望，但是基于瞪羚的思考，它仅仅只是个例子，即选择更安全的行为的全部代价和计算我们的过重的焦虑的代价相比是很低的。进化心理学家罗伯特·奥恩斯坦设计了这样的数学问题：

无法对一个真正的危险作出反应，即使那个危险只有万分之一的几率会杀了你，那么你也会死。几年后，在进化的历程中你是死的，你的更少的基因会在附近存留。但是，对危险的过度反应只产生一点歇斯底里……没有再生能力的损失……如果在所有事件中对一个威胁的惊慌改善了甚至万分之一的存活率,那些惊慌的人的人数会是那些不惊慌的人数的48亿4千万倍。⑮

正如我们可能有进化的优势在城市格局中表现得像一只过度焦虑的蹬羚,在城市布局中,我们似乎也有一些明显的觉醒、焦虑、恐惧和逃避的环境触发器,其中大部分可能起源于远古。在关于城市布局中的恐惧的经验主义的研究中,对于危险的感受的最重要的触发器和空间属性有关。我们不喜欢走进潜在的飞行路径是闭塞的地方,不喜欢穿过那些有许多潜在坏人隐匿的地方,也不喜欢穿过那些完全没人的地方。某些情况下,物理线索或社会动乱会加剧焦虑。当然,我们通过个人经验或媒体报道的暴力而形成的对一个地区的了解,也会阻止我们冒险进入可能有危险的区域。还有一些可能意识到前后关系的和个人的变量会完全地影响我们的个人危机感。我们晚上比白天更加谨慎小心。女人和老人更容易焦虑或逃避,这跟他们易受攻击是一致的。

理解易受攻击的性别差异很难过分强调,它应该是成功的城市规划的一个关键元素。在1991年,有调查显示男女每天穿过城市的路线明显不同——男性每天开车或乘公共交通两次——一次在去上班的路上,另一次在回家路上——而女人采取各种路线来照顾孩子、进行家庭购物和许多其他活动。对于这一结果,维也纳颁布了一项政策"社会性别主流化"来促进男女在城市环境中平等的接触和机会。⑯这个政策的一些元素——灯的改善和人行道的设计——被明确设计来处理对犯罪和欺骗的恐惧中的性别差异。维也纳的政策,现在被一个政府部门和由预算规范支持的某个行动计划所监督,它要求在城市规划的许多方面都考虑到性别问题,并且这个政策应作为所有的城市工作的模型以减少使用公共场所和设施时的性别差异。

保护内在自我

在某些方面,和在城市布局中对身体伤害的恐惧有关的焦虑是很明确的。我们了解对自身的真实的危险和来自犯罪的所有情况。尽管有人会认为我们对于这些危险的情感反应打破了现实的平衡,但我们大多数人对于那些预示着危险的环境因素有一系列调整好的感受性——至少它们中有部分经过上千年的进化适应得到了发展——因此我们对我们的行为的感受性作出调整性反应。

和这样的反应相比，我们所采取的用来保护内在自我以免暴露于陌生人注视中的行为似乎有点短暂，因为不像躲避犯罪一样，这个利害关系没那么容易定义。尽管揭露我们内在秘密很可能冒着身体和心灵受伤的风险（最明显的例子比如通过电子的社会媒体如脸书和推特而产生的身份盗用或心理伤害），但我们采取的用来保护个人隐私的方法远比这些风险的范围更大。在公交车上和一个陌生人攀谈要求我们跨越保留的门槛，但是认为这样做就会将我们至于危险之中是不可能的。对于城市居民来说有点讽刺的是，我们用来保护自身免受陌生人的监视的同样的要素要部分地为大城市中的一种心理疾病——孤独症负责。

在世界上许多地方，我们处于一个人口组成变化的中间地段。在2013年，自从精确记录后，美国单身人口比例第一次上升了大约50%。这表明在一个相对短暂的时间内将发生一个戏剧性的转变（自从1976年，未婚个体的比例上升了大约35%）。⑰相似的变化也发生在北欧。例如，在伦敦，单身人口比例在2011年达到了50%，并且这个国家的其他地区的单身住户数量急剧上升。⑱这个变化不仅对我们的政治、文化有巨大的意义，而且对我们使用从家到公共场所的每种空间的方式也有很大意义。同时，一些社会学的研究显示我们的亲密的朋友圈可能正在持续地缩小。例如，在一个研究中，在美国进行抽样的大批人被要求列出他们能与之讨论重要事件的人。在这个样本中，知己的平均数目是2.08——和10年前的一个相似的研究相比少了1人。⑲考虑到一个人最亲的知己可能最先被当做一个人的配偶，这个降低也不令人惊讶。在同一时间段，我们对于电子的社会媒体的使用率急剧上升了。“朋友”这个词的谷歌搜索显示，最高点击率的大部分和“与一个朋友一起喝咖啡或酒来分享一天的事情”无关，而大多与“正确在脸书上设置隐私”有关。

同样的，这些变化——结婚率的下降、独居率的上升以及网络社交的普遍——导致了大量的研究、书籍和针对它们对人类社会行为的影响的评论文章。这些问题一直是热门话题。在温哥华的一个最近的调查中，研究人员报道说孤独是城市生活中最显著的问题，排在所有其他的经济或生活问题之前。⑳澳大利亚的一个相似的研究显示，那些感觉没有朋友的人的比例在1985年到2005年之间上升了50%。同样的研究揭示足有13%的被试感觉在他们的社区里，如果他们需要帮助根本没人可以求助。㉑尽管正如心理学家约翰·卡乔波在他的影响巨大的书《孤独：人类天性和社会联系的需要》㉒中指出的，单独和孤独根本不是同一个事物，低结婚率、高独居率以及普遍较小的社会组织对那些试图逃避受惩罚的、有着孤独的心灵状态的人提出了挑战，这一点是显而易见的。许多研究表明，孤独需要付出高代价。那些长期经受孤独的人更可能遭受沮丧、低自尊、难以进步，甚至是疾病和早逝。导致孤独的原因还不完全清楚，尽管有人将矛头指向人口向城郊疏散的趋势和随之而来的上班来往路程的增长。其他人还认为电子媒介，尤其是互联网和网上社交使我们功能性地生活，与我们的同伴更加疏远，尽管这会令我们不开心。我们足不出户就可以购物、玩甚至加入一个社会群体(勉强地)。尽管我们的社会群体正变得越来越小和极端，但是这些变化和普遍的网络间的联系还不是很清楚。事实上，来自社会学家基恩·汉普顿的一项研究中的一些有力证据表明，尽管跟以前相比我们可能只能说出较少的密友的名字，但出现这个现象的原因有部分和我们对友谊的定义的改变和我们组织自身的社会生活的方式有关。㉓此外，基恩·汉普顿认为几乎没有证据表明这些变化是由网络的使用所引起的。一些研究甚至展示了我们的网络范围和我们真实的社会网络之间的直接联系，以及和一些大脑区域规模的进一步联系——比如扁桃体——被认为与我们社会生活的一些方面的规则有关。㉔另外，还有一些研究表明那些设计来为当地社会提供信息的网络会对社会凝聚力施加巨大的积极影响。㉕

尽管社会沟通——虚拟和现实与城市空间设计的相互关系令人迷惑，但有件事似乎是清楚的：考虑到时间上的广泛接触，当我们从小群体生活变为大城市中的全球性的生活方式时发生的最重要的变化之一是我们失去了在一天中认识所看见的每个人的能力。我们所居住其中的一大群个体已经极大超过了我们之间相互保持联系的认知能力。在约翰·洛克的书《偷听:一段亲密历史》㉖中,他认为这个转变是人类社会发展的一个关键因素,因为在这之前,我们现在认为珍贵的基本需要如隐私和信任并不重要。当每个人几乎随时能被看见时,一个内在自我的观点似乎是奇异的。当我们私人的内在自我处于暴露的危险中时,我们的现代环境会通过激起焦虑反应来促使我们产生过度热心的保护性反应,这一现象似乎就不那么奇怪了。考虑到城市环境中的生活,有人可能在那些进化来有效处理小而暴露的生活的行为模式和迫使我们与成千上万的陌生人挤在一起的物理环境间达到一个不容易的妥协。但是,不像保护我们远离犯罪的焦虑反应,一个人能在建议宁可安全胜过遗憾的成本效益分析的基础上证实一个低定位点,而由生活在一群陌生人中引起的社会孤立的代价可能有点高。通过使自己远离那些共享一个电梯的陌生人或在超市中排队的后面的人,我们不仅正在剥夺与那些喜欢我们的人相识的机会,而且我们还在增进我们的焦虑水平和不健康的、高代价的压力反应。这无疑是像查尔斯·蒙哥马利在他的书《快乐的城市:通过城市规划转变我们的生活》中的思维方式,即鼓励城市规划者拥护那些提倡有亲和力的行为的城市规划和设计——经得起检验的公共场所、令人愉悦的城市绿化和家庭式的生活布局,例如层数少的公寓,这会帮助我们在令人情绪高涨的环境中相互交流。㉗

同样的推动力还可能导致社交网站如脸书的疯狂流行。一个人可能用脸书的新闻推送上状态更新的永远在线状态来代表和古时仪式相等的现代化。在古时,当一组农人们围着灶台围成一个小圈时,他们用眼睛监督对方的行为,这总是一目了然的,但在相互的直接交流中却不是必须的。状态更新的闪烁,当你想看时总能看到,不需要集中注意;和这些信息的原始、随意的交换取得一个强有力的平衡。有一个有趣的现象:一个用户的脸书朋友的中位数是大约200——在著名的邓巴数字150范围内。人类学家罗宾·邓巴认为它是寻求稳定关系和与来自不同社会组织(从新石器时代的农村到现代军用公司)的参与者的平均数目相匹配的人脑未经加工的能力。[28]

尽管我们对用来监视普遍存在的社会现象的社会网络的使用和新石器时代的农民对壁炉的凝视行为的比较可能很吸引人，但这两种沟通之间有一个很大的不同：我们的天生的、机体的沟通是自下而上的和自我组织的。我们使用基于看和听的简单标准来洞察对方的思想和行为。不知为何，我们相互的行为和观察产生了一种群体理解和凝聚力。在一个网络沟通如脸书的例子中，除了我们传送信息和图像而作出的贡献外，还有一层执行控制。脸书组织监视我们的贡献，根据它们自己的严密的运算法则进行过滤，并且还不时对我们作研究以调整沟通，并为了利益而扩大它在我们日常生活中的渗透力。[29]这层控制，除了相关广告之外，或多或少对于游客来说是不可见的，充分利用所有的社交网站，这是跟篝火旁所发生的一切完全不同的东西，并且多少有点令人不安。我们使用这些社交网络的推动力可能来自一种对人类来说永久的对监督的渴望，它可能代表着当我们搬到一个大城市时所上升的对分离的焦虑和恐惧的反应。

第六章　敬畏之地

1968年，圣诞前夜。阿波罗8号宇航员威廉·安德斯拍了一张注定会成为人类历史上最著名的图像之一的照片。当他和宇航员弗兰克·博尔曼以及吉姆·洛弗尔共乘的这艘微型飞船环绕月球并揭示了地球这个蓝色球体时，安德斯举起了一个哈苏相机，用尽所有的热情呼喊，呼喊声像来自美国空军的战斗机飞行员。"地球来了，哇，这太漂亮了！"①

当我年轻时，我在卧室墙上贴了这个场景的海报并在每晚上床时看很久，我还记得那时的兴奋。我对它的看法是单纯的10岁时的友善。对我而言，它意味着冒险、异国风味以及遥远。它让我感受到大多数年轻男孩看到它时所体验到的愉悦——对探索的渴望，是一种认为人类能逃离现世环境，一切皆有可能，并且我们会很快生活在恒星飞船上的感觉。这些年里，我在很多地方可以看到这幅图像，从数不清的博物馆展览和学校的科学事迹，到纪念品商店墙上的低级的蒙太奇图像，甚至是在内罗毕和蒙巴萨之间的一条灼热的土路上的小酒吧。它所吸引我们的不仅是固有的引人注目的美丽，还因为它帮我们记住我们都是一个正在猛冲无限空间的微小行星飞船上的居民。在1968年圣诞这天（即这张照片开始郑重流传的那天）刊登在《纽约时代》上的诗人阿奇博尔德·麦克利什的文章就攫取了很多感受："看地球正如它真实的那样，精致的、蓝色的、美丽的，漂浮在永恒的静默中，是为了看见作为居民一起生活在地球上的我们，以及在永恒的寒冷中的可爱星球的兄弟们——我们现在所知的真正的兄弟们。"②

阿波罗8号的三位宇航员所体验的感受，以及生活在地球表面的我们所间接感受到的，已经被那些探索更远空间的宇航员们感受了无数次。作家弗兰克·怀特在他1987年的书中复制了我称之为“回顾影响”的这个影响，他把这个影响的名字作为它的标题。在一个短片“来自white's group的回顾”中，行星协会会员、哲学家和禅师戴维·洛伊把宇航员凝视地球的感受描述为“与这个美丽的蓝色星球相连”的一种实现。他还进一步将宇航员对宇宙的反应定义为一种敬畏感，并将它部分定义为“放任自身去超越分离感”的意愿。③

尽管我们几乎没人能够那么幸运去穿越太空或体验到从一个遥远的视点看地球的惊奇，但每个人都经历过被称之为“敬畏”的感受。（不仅仅是这个单词的一般感受），当敬畏感击中我们时，我们是很确信的。当我们遇到一个激动人心的自然现象时，就能被敬畏征服。例如一个漆黑的星空，一场雷雨，或一个山脉或峡谷的壮观景象，或者甚至是重大的世界性事件的反映或讨论（比如仅仅简单收听收音机播放的关于去月球的宇航员经历的令人敬畏的经历的谈话）。这一章中更重要的是，我们也能被建筑布局中的敬畏所战胜。但这到底指什么？单调的字典定义敬畏是包括惊讶和恐惧的一种独特联合。但是经历过回顾影响的宇航员的反映是敬畏的感受中还包括超越的成分。这样的经历把我们带离狭隘的身体空间的界限，鼓励我们相信我们的存在的组成不仅仅是脆弱外壳下的心跳。当局限我们于地面上的时间和空间的限制突然被扔到一边时，我们会有一种无穷感。

我们和空间的大部分互动，都是由我们和其他动物共有的深层的生物性使命所驱使的。像我们一样，其他动物从只能在家园发现的圈占和舒适的感受中获益（甚至是享受）。我们没有坚定的理由认为年幼的兔子蜷缩在洞穴里的经历跟小孩在卧室休息有显著不同。我们感受到赌场或超市的新奇视听对我们的基本的吸引力的影响，并且我们会被驱使着进行超出我们意愿的消费。尽管一只实验室老鼠不能描述它在斯金纳箱中为求巧克力牛奶而按压杠杆的这一丰富的现象经历，但它的行为结构，甚至是神经基础和我们也没有显著不同。事实上，在这样的状况下体验到的感受也是很有可能的——例如渴望的感受——在质量上和其他动物体验到的没有不同。当我们觉察到危险的环境时会感到焦虑,并且这些感受间的联系能很直接地看到——行为可能源于此——以及我们避免成为别人的晚餐的反射的进化根源。但正如我们了解的,现在我们转向的一种对场所的反应,可能是人类独有的——可以通过沉浸在超然的场所中而产生的敬畏体验。

尽管早期的心理学家如威廉·詹姆斯(我认为他有时能在别人之前思考到心理学的一切事物)就确实讨论了敬畏,甚至心理动力学的理论家们如西格蒙德·尹洛伊德、卡尔·荣格以及奥托·兰克在他们关于人类行为的理论中为超然的经验描述了一个重要的角色,但更多顽固的心理学家最近才适当着手研究。这一现象有很多原因,一部分是因为人们从不认为敬畏是跟恐惧、惊讶、厌恶同一水平的基本情绪。但这也可能跟人们敬畏感的独特性有关。并且我们对于思考其他动物的基本情绪的存在没有困难——动物体验这样的情感是很明显的——但它的原因有一部分和这样的情感是适应性的这一清晰认知有关。不管你是人类还是犰狳,都知道害怕,会防御,惊讶会跑开,厌恶会抵制。但这种人类独特的敬畏是干什么的呢?它如何运作?什么引起了它?如何测量它?

心理学家达尔·凯尔特纳和乔纳森·海特针对神学家、社会学家、心理学家以及非专业的外行人使用"敬畏"这个词的方式进行了一次深刻的分析,在这之后,现在许多研究者将焦点放在一对似乎所有的敬畏体验都有的独特属性上:壮阔感和适应感。④当越过科罗拉多大峡谷的边缘时,我们可能会感受到物理上的壮大,但它也可以被间接体验。一个超级英雄会因为他的特殊能力的巨大的范围而产生伟大感。一个杰出的学者——爱因斯坦——可能会因为知识的巨大能量而让人产生敬畏。但是所有壮阔感之下的是对于某一事物的体积的感知。

适应描绘的是我们可能被要求调整自己的世界观以对产生敬畏的刺激做出反应的方式。和顿悟的经历有关,适应的核心是它通常将两个事物相连——想法、概念或是感知的经历——那是矛盾的。克服我们的矛盾感(经历的奇怪)的唯一方法是我们对世界的看法,并且有时是大规模的。一个好的科学例子就是一个物理系学生在最初学习到光可以被描述波浪与微粒时的心理斗争。非巧合的,许多适应和顿悟的例子都和宗教经历有关。在基督教,有句话是"耶稣注定是个凡人(正如他的谋杀所详细证实的)和上帝(正如他从死亡中回来)",这就是个令人赞叹的矛盾的例子,这要求一个人以适应的最高表现的方式对自身的世界观(或者是宇宙观)进行一个积极的再配置以了解这样一个二元性。经历了回顾影响的宇航员们的描述是真的。他们看见自身与宇宙的融合在一个要求适应表现的大规模范围中实现了,这正是我们许多人在其他状态下所拥有的感受。

当我第一次进入罗马的圣彼得大教堂时,我被它拥有的巨大的内在和相当多的华丽的装饰以及丰富的艺术所征服了。我对这个地方的最初的印象被我从其他游客那看到的肢体反应所增强了。宗教朝圣者们伏倒在地上并开始从教堂前厅爬行到教堂的尾部。甚至是游客,他们看上去好像身后也长出了翅膀。我的顿悟体验部分集中在一个建筑结构的力量在不管个人宗教信仰的情况下,对这种强烈感受的影响的一个新的了解上(这在我看来只能描述为不足)。事实上,这个经历是我现在对用来组织思想和感受的建筑结构的力量的兴趣发展的一个整合的部分。从理解上说,这个重要的概念是我很熟悉的,但是在理解心理学技术报告的细节和站在大教堂下受一种无法抵抗的力量胁迫之间还是有一种很大的不同。但是除了壮阔感和我的智力追求的适应性反应外,我还感受到一种联合,不仅仅是和现在的游客,还有在我之前的数个世纪里来这的那些人们。正如宇航员们报告的有种时空流逝的感觉,使他们自身与宇宙其他部分相分离的边界的破裂感,我感受到一种相似的人格边缘的破裂和一种神秘的联合感,引起所有这些非凡感受的是我所了解的我自身感受到的,在某种意义上,是有意的——我所站在这个建筑处的目的之一是故意引诱出我的感受并用这些感受来改变我。

尽管我所描述的敬畏的充分体验可能是真的,但壮阔感和适应以及感受到的对一个更大的事物的神秘的联合感,是人类所独有的体验。敬畏的起源,其他非人动物的进化经历,就更加乏味并且与我所描述的一些人类的其他情感能力完全一致,且壮阔感是体验的真正关键所在。任何人曾经看见一只小狗被一只大狗所恐吓而变得顺从——这是街上常见的恐吓——就会了解巨大的力量。从表面判断，这只小狗正在参照一个剧本，好像是被自我保护的利益而驱动的。如果它没有翻滚并露出肚子，我们知道冲突很可能会升级并且大狗很可能加大攻击，最后导致严重的伤害。更有趣的问题是这个冲突当初为什么会发生。为什么这两只狗不能简单忽视对方并走开？这个问题的完整答案会使我们偏离我们的主要话题，但一个令人满意的答案足够简单概述。群居会传递一定优势。成群的动物更能使自己免受攻击，同样重要地，他们也能保卫领土的资源。但正如任何人跟其他人分享一间寝室或一所公寓一样，这样的分离伴随着一个代价：我们中的一些人会利用自身的力量或诡计来获得这些资源的更大一部分。每次有资源冲突时，一个可供选择的方法是斗争直至严重伤害或死亡。但正如动物行为学家康拉德·洛伦茨第一次在他的著作《攻击性》中指出的一样，对动物来说，通过在冲突中互发信号告知战斗的结果会产生更好的适应性感受，因此这些冲突就没必要发生了。⑤因为我们的可怜的小狗周日出去散步，因而遇到了髯狗，战斗的结果表明了一个简单的事实：小狗知道会输所以在战斗开始前就放弃了。这个简单的生存法则导致了许多发生在群居动物中的社会行为，包括人类。规模的优势随处都很明显。在非人的灵长目动物中，最大最强壮的雄性有得到食物、住所以及伴侣的优先权。在人类中，最高的男人赚更多的钱并享受更高的社会地位。我们甚至通过用更大的字体来刻写更有权威的人的名字，或将它们放在一栋建筑的最高层来象征性地对规模表示敬意。而且尽管我们不可能为了拥有稀缺资源而加入到与同物种中更大更可怕的成员的每天的争斗中，但对于社会关系中规模力量的认识似乎在我们还不能说话前就根植于我们头脑中了。

在由苏珊·凯里领导的来自哈佛大学的一组心理学家们所做的一个聪明的实验中，给前语言期的婴儿展示两个简单的动态的正方形（一大一小，拥有视觉器官和嘴）间假装的斗争。⑥这两个正方形展示出它们好像正在穿过大街（很像我们的两只假设的狗）但是没有空间让它们过去，因此一个推搡比赛就开始了。在一种情况下，小的表示屈服，它让自己贴近地面让大的过去。在另一种情况下，大的屈服。当这些婴儿看了这些展示后，研究者们仔细测量他们的注视点。他们对统治和屈服的假装的展示投入了多少的注意而且这两个例子是否会有不同？显然，11 个月大的婴儿对于小方块统治大方块的展示更感兴趣，这意味着这些婴儿意识到这种状况的新奇，即方块之间预料的正常的统治等级制度被颠倒了。换句话说，在他们能够使用语言之前，人类婴儿已经具有理解社会统治的正常操作的内部机制了。

我们改变了对敬畏的适应性的考虑的一些间隔，但对规模重要性的普遍观察和我们对壮阔反应的天性间似乎有一个很强的联系。尤其是我们可能在大的建筑像教堂中遇到的物理属性上的巨大。达尔文的观点明确指出，我们对于大型建筑以及其他巨大物体像大峡谷或繁星密布的漆黑天空的反应，正在开发我们的大脑机制，以使它进化来保存社会秩序的规则，以及通过鼓励弱小一方的屈服来避免竞争者的攻击。⑦

但除了我们对物体基本规模的天生反应外，在天性和进化中还有其他知识，它们可能属于我们对宗教遗迹或其他可能在建筑环境中遇到的大型结构的反应。为了了解这一方面，可以思考园丁鸟的行为。雄性园丁鸟修建巨大的巢穴，它们的唯一作用就是吸引配偶。这些巢穴和大型的人类建筑遗迹有一些相似之处。这些巢穴通常包括一种铺道，以作为潜在的配偶到来时的大道。当雌性来到巢穴的巨大的庭院时，她会受到雄鸟的呼唤的款待，这个建筑的共鸣室使得雄鸟看上去比实际上要大。引人注目的是，澳大利亚迪肯大学的生物学家约翰·恩德勒报告了雄鸟之所以用这样的方法建这一通道是为了产生一种视觉上的错觉。⑧通过在通道的地上铺上地毯，当雌鸟到达时它的规模会逐渐增加。实际上雄鸟在转变正常的结构梯度，这看上去就像我们看一个场景的景色。通常，远处的物体在视网膜上的成像更小，这是我们用来评估距离和深度的一个基本的视觉线索。园丁鸟对于梯度的艺术性的转变使得雄鸟看上去比实际更大，可能会给雌鸟留下适当的印象。但除了巢穴的规模很大外，它也是个复杂的结构。它需要雄鸟从觅食和抵御竞争者、捕食者的日常事务中转移时间和精力，并且修建一个重要的、好的巢穴需要很大代价。就像孔雀的巨大的尾巴没有什么作用，只除了展示雄性被赐予的额外体重，作为寄生物的住处，以及完全暴露于潜在捕食者的视线中。这个尾巴通过证明它可以在一个巨大的自我施加的障碍中存活来宣扬雄性的健康。同样的，一个遗迹的修建——吴哥窟，吉萨的金字塔，一个巨大的教堂——向所有看见它的人宣扬它的创造者的修建能力。它是一个关于力量的直接证明。

无法否认的是，修建一个尺寸、力量和装饰都远超作为建筑的功能的巨大的、昂贵的建筑的冲动部分来自同样的动力。这种动力使得鸟和其他动物修建精美的结构来向配偶求爱，或使一个群居动物中的最大成员在很少需要牙齿或爪子来捍卫它们统治等级的情况下获得社会统治。在所有这样的例子中，真正的想法是使用规模和投资来展示权力，并因此来促进社会秩序的保存。但是否有其他方法来思考这些与现实政治几乎无关的宏伟的人类建筑的功能，以及当我们建立一个宏伟教堂时能将我们所做的与园丁鸟为吸引配偶所做的相区别？除了作为可见的权利象征的功能，它可能会鼓励社会低级成员听从命令并增加社会凝聚力外，这样的建筑对我们的行为还有其他影响吗？考虑到我对自己在圣彼得大教堂的反应的描述，它包括一种穿越时空的分散感以及和一个更大的存在的联合感，似乎还有更多事物在起作用。

为了了解一个巨大的、不朽的建筑的功能分析的其他方法是什么，我们必须转向心理学构造的一个不同的部分。这个大多数人赞同的部分构成人类的本质——自我意识。

在某个时刻，但也许是在当我们试图接受我们生命的更大意义的早年时期，我们大部分人努力了解拥有自我意识意味着什么。事实上，许多人，包括我自己，在我们意识到我们的思想的神奇剧场中有些特殊的东西时，能记住的不仅仅是模糊的大概，尽管我们没有真正证实它，但我们怀疑我们与其他有知觉的人分享了。我们意识到自身。在每个清醒的时刻，我们与一个基本部分生活在一起，也许甚至是一种矛盾，在我们内在的、隐私的精神生活和本质的宇宙中所有其他地方之间。尽管在这点上有很好的理由（即海豚和大象）来对我们是否彻底孤单作一些保留，但是当提到完全的意识、自我意识以及个人经验的丰富的现象学时，很少有理由说明在地球上以及我们现在所了解的整个宇宙上，我们全是单独的。[9]

基于我们了解大脑如何产生行为的所有进展，甚至是在分子生物学和基因学水平上的一些例子中，关于人类存在的这一令人震惊的事实有效排斥了对于人类自我意识的完整了解。事实上，尽管最近几年情形改变了，但是大多数神经学家对于这个学科的简短历史更多的普遍观点是了解自我意识的核心问题——提供自我意识可能是什么的一个真实的还原数据——实在是难以驾驭。所谓的意识的“艰难问题”被认为超出了科学家的电极和大脑想象的范围。甚至是了解意识是什么也是个令人气馁的问题。尽管我们大多数人能感觉到如人类能特许进入内部精神状态的能力那样异常耀眼的事物，对其他事物不能做到的人类条件下定义，必须对人类生存和繁荣作出关键贡献，但对于精确说出贡献是什么我们还很困惑。我想起曾经对一个全是毕业生的班级所做的实验，要求他们考虑在不借助自我意识的情况下不能产生的行为的任何方面。这意味着如果没人能定义行为的贡献，那么它可能是完全多余的——除了不担忧没什么比奇特的小玩意更令人好奇了。如果它没有明确的功能，那么它就不会存在。作为意识上的一个哲学点，这个观点已经不是什么新鲜话题了。数世纪以来，在英国生物学家托马斯·赫胥黎之后，所谓的副现象学家认为，意识的未加工的内容与适应性行为的关系可能还比不上蒸汽口哨声与机动的引擎间的关系。[10]

在我们完全消失于哲学与神经科学借口中的复杂的理论争论的奇妙世界中之前，最好要降低此时的损失，并假设意识是为了某事，尽管我们还不能确切地知道某事是什么。也许在尼古拉斯·汉弗莱在他的书《灵魂之尘：意识的魔法》中相对直白的言论之后，我们可以简单认为，不管什么是真的，拥有一个生动的内部存在会使一个人的生活极其有趣，也许这正是关键所在。[11]在电影《曼哈顿》中，当伍迪·艾伦饰演的角色艾萨克·戴维斯提供了一系列“使生活有价值的事”并包括像格劳乔·马克思、威利·梅斯、丘辟特交响曲第二乐章，塞尚的苹果和梨，山姆的蟹以及特雷西的脸这样的项目，也许他正在给出同样的观点。尽管生命的精神财富以一种我们难以集中或证实，更不要说解释的方式存在于大脑的调色板上，并且是虚构的、莫名其妙的、短暂的、忽隐忽现的，但是从达尔文主义——即为什么意识的复杂问题会出现而言，我们对它的享受可能会证实要证实的一切。

但正如我们对自我意识的高度发展的意识给我们带来说不尽的精神财富，以及将我们平淡的生活变成千变万化的灿烂的感觉和丰富的情感体验一样，它也蕴含了黑暗的种子。甚至每个自我意识的欢乐时刻都会被“这些时光不会持续下去”这一确信的认知所压制。我们通过可以同时站在被分为主客体的栅栏的两边而存在，而我们对这一存在的特殊方法的代价就是我们知道我们有一天会死。欧内斯特·贝克尔在关于人类状况的尖锐的分析《拒绝死亡》中指出，我们生活中的强烈感受和独特的生活事实是了解人类天性的真正的关键。[12]事实上，了解西方创世神话的重要元素并不困难，比如伊甸园的亚当和夏娃被驱逐的故事，它可作为我们对自身道德的发现结果的直接描述。当我们吃了致命的水果，后果并不仅仅是我们打开了自我意识的窗户，我们还了解到它会结束，这可不是件小事。尼古拉斯·汉弗莱在他的书《精神灰尘》中还说道，死亡意识的心理部分是如此深厚，以至于人类要继续进行研究很困难。正如我们所知道的幕布会在未来的某个时刻落下，我们要如何在每个早晨努力将自己从床上拉起？汉弗莱甚至认为人类早期的几个难以解释的神秘的相继死亡可能是因为对自我有着新兴的认识的人类无法处理这个不可逃脱的事实。

考虑到死亡的帷幕对我们战胜生命的全景画中的狂欢有威胁，猜想我们可能发展明确策略来处理死亡意识是相当合理的。甚至是将这些策略例示于用来引导我们远离绝望边缘，并回到有成效的生活中的专门的大脑电路中也是很有可能的——在达尔文主义中，有成效意味着我们可以长期不理睬对于死亡的不安并照顾自己，寻找伴侣以及繁殖。我所写下的以及你所读到的这个简单的事实表明了这件事中成功的一些方法。

确实存在三种应对策略，都已经被汉弗莱概述出来，并且我们能看见的所有策略在日常生活中都被广泛使用。首先，当然是简单的否认。尽管我们都拥有三个绝望的早晨，在这里我们可能意识到面对结局的到来斗争是没有用的，但是对我们大多数人以及相当开心的人而言，这些想法不是激励(或打击)每天的存在的那些。当我们正在享受一顿美味的饭菜,一个完美的假期的感觉,或来自爱的人的笑容的温暖时,关于死亡的想法就退缩了,我们所感觉和实施的所有意图和目的好像总是成为了明天。

一种不同的以及在活着的大多数人中的否认,是我们存在意愿的信念,以某种形式,存在于我们躯体的死亡中。换句话说,我们大多数人相信有来生,这种信念的形式很广,从“我们会以一个新的形式转世继续尘世的旅行”的信念,到认为我们在地球上的逗留会紧跟一个很不同的冒险——我们会屈服于自己的躯体,但不知怎么以一种新的且永恒的形式紧抓住自己——的基督教信仰。

第三种对我们自身死亡的意识的反应是一种完全不同的类型。因为它较少组成一种形式的否认,而更多的是对我们对自身与宇宙关系的了解的重塑。这个反应包含一种精神运动,在这里我们证实了自己是比自身界限所包含的更大的事物中的一部分。在这种情况下,我们认同一种文化或一套制度,它们在我们独有的身体出现前就存在了,并且在我们死后还会继续存在。正是这个对死亡的第三种反应最能说明我们与建筑环境的关系这一问题。简言之,我们通过建筑来处理关于死亡的认识,这似乎是一个会在我们的离开中存活的遗产。

我所描述的对死亡的可能反应的目录中有个必然的逻辑。每一个对“我们会死”这一必然认识的反应会产生直觉,并且大多数读者会回忆起这样的状况,即他们在对我们自身无法避免的死亡的焦虑反应中恢复了一个或更多的思维模式。但这样说的证据是什么?我们如何实施与我们对死亡的看法的防御性反应有关的心理学实验?一个由斯基德莫尔大学的心理学家谢尔登·所罗门带领的杰出的研究组提出了一个综合性的理论。这个理论意图解释我们的死亡恐惧是如何影响我们每天的行为,特别是与死亡有关的无意识冲动如何改变我们的态度、信仰以及偏见的。⑬这个叫恐惧管理的理论是以贝克尔早期的观点——我们对“我会死”的认知推动了文化——为基础的。但是这个理论通过描述一种被认为是死亡突显度的精神状态——这是一种当环境中的某物产生了死亡征兆时会上升的精神状态——而进一步发展了。在一个典型的死亡突显度实验中，被试被指导去以任何一种方式来思考死亡（描述死亡的躯体上发生了什么，阅读一组有关死亡的单词如“棺材”和“葬礼”，或者只是路过一家殡仪馆），紧跟着暴露于死亡突显度的状况后探查被试的行为。这个小组使用的行为探测方法很是别出心裁以及很有派头。在一个实验中，被试被告知他们要完成一个问题解决任务。问题包括在墙上钉钉子以悬挂一幅耶稣受难像，或从一堆粉末中筛选出黑色的残渣。实验者给被试提供一些工具以让他们解决问题。但在最关键的情况下，唯一用来钉钉子的工具是耶稣受难像以及用来过滤粉末的材料是一面美国国旗。实验者发现那些得到死亡突显度线索的人与控制组相比，更不愿使用耶稣受难像当锤子或美国国旗当筛子。⑭尽管这个发现（事实上或许是整个实验）有点奇怪，但是实验者认为更加不愿意使用神圣的或可敬的物体作为似乎是亵渎神灵甚至是遭天谴的工具，意味着死亡突显度条件以更加恭敬和保守的这样一种方式改变了被试的世界观。更普遍的是，上百个实验中的发现模式表明了当死亡突显度被使用时，被试普遍变得更保守，更依附于自己的文化并且难以容忍他人。事实上，恐惧管理理论的理论家认为正是由美国“9·11”恐怖事件引起的死亡突显度推动了国家国旗买卖的最大福利，甚至是布什的极端保守的共和国政府的再次当选。⑮同样的，这些结果表明那些将我们对死亡的恐惧带到表面来的事件会对行为产生广泛的影响。这不仅包括我们对他人感受的改变，还包括一些产生了吴哥窟、金字塔以及沙特尔主教座堂的那些昂贵且费时的建筑工程。无论何时当我们的存在受到威胁，以及不可避免的死亡的恐惧向我们接近时，我们会支撑着与永恒的文化（包括手工艺品）的关系，依赖于我们的自信，尽管我们的破碎的肢体只能支撑一只眼睛的眨动，但我们所归属及奉献的文化会持续相当长的时间。

恐惧管理理论的内容和死亡突显度操作对人类态度和行为的强烈的影响的经验主义的展示，以及连接权力外表和进化的成功的线索能帮助我们了解我们如何建立一个比用来维持生命的简陋的住所以及小商店和超市更大的任何建筑。但是当我们走进一个大型建筑如教堂、银行总部或大法院时，我们仍然需要看清楚发生了什么。可能正是这些建筑的存在被认为是我们对死亡的恐惧的反应，但一个走进这些建筑的人身上究竟发生了什么？人们对什么感到敬畏？直到最近，除了几个研究有了一些线索，心理学家们仍然对这些问题保持沉默。

在一个吸引了大量的公众关注的实验中，斯坦福的心理学家梅拉妮·拉德将被试置身于一个引发敬畏的体验中，其中包括一个关于人们遇到宏伟的自然景象如瀑布、鲸鱼以及空间探索的景象的简短的录像呈现。在一个控制条件下，被试看到欢乐的游行以及划过天空的五彩纸屑。基于先前的观察，即敬畏体验会影响我们对时间的感知，并产生一种活在当下的感受，拉德设计了一系列以事件感知为中心的调查问卷。拉德很确信地表示敬畏体验产生了一种主观上的时间膨胀。我们感觉好像有更多的时间来完成事情，主观上的瞬间是缓慢的。在她的实验中，作为这个假设的随后的结果，即那些体验到敬畏的人也更愿意做出亲社会行为，这个结果被融入愿意捐钱给值得的事情的表达方式中了。⑯尽管这些发现与我之前所描述的框架(敬畏被认为努力去适应，去带进关于存在的矛盾的观点的相互调整中)不能轻松地契合，但是拉德关于时间膨胀的发现与我之前对回顾影响(我们感受到空间膨胀以及我们与宇宙其他部分的分歧的溶解)的描述之间有一定联系。正如宇宙的空间划分可能会在敬畏体验中打破一样，一个人也可能看到我们生命中的时间视域的转变。

甚至在更近的实验中，心理学家瓦德索洛和杰西·格雷厄姆表示，同样的暴露于引发敬畏的电影中的类型还会加强对超自然事件的信念和对随意的容忍的缺乏。换句话说，在呈现了敬畏产生的展览后，被试会表现出强烈的宗教信仰，他们相信有一双无形且全能的手在设计着宇宙，而不愿相信引发敬畏的、宏伟的自然景观的是随意的过程而不是像上帝一样的指引性的手。⑰

尽管这些实验没有包含看到引发敬畏的建筑的被试的陈述，但是穿过一个巨大的教堂会对态度与行为产生类似的转变是很有可能的，并且使这样的发现适应我之前提出的言论是不困难的。我认为这样的建筑的目的可能是为了鼓励我们以一种促进群体成功(亲社会行为的增加)的方式来行动，以及通过让我们信任一个能许诺我们来生的全能的监督者来减轻我们对死亡的恐惧。

大型建筑的修建以及赋予敬畏的建筑体验和人类天性的某些要素有强烈的联系，这些人类天性则与权力关系和社会秩序的维持有关。这些关系中的一些可以被简单看作是用来区分攻击本能和统治领土的动物行为中的基本过程的演化性地延续。蔓延到一个城市所有街道的大银行就像一只凶猛的狗，什么也不做只需要露出它的獠牙来维护主权。在这个等式的积极的一面，一个代表金钱系统或司法系统的力量的大型建筑的存在可能会令我们感到安全。当我们站在一个巨大的法院前厅或寺庙的圆柱之下时，我们可能会因为处于比自己大的事物中而感到有点害怕，但我们也会感到安全，就像一个小孩站在具有保护性的父母的强健的双腿之下时所感受到的一样。从某种程度上来看，处于我们之上的建筑被认为是慈善的，使我们感到自己较少暴露于危险之中。这些基本的动物反应之下的神经过程可能存在于用来调节恐惧的、原始的皮层之下的大脑回路中。尽管我们深层的情感需要和包围我们躯体的壮阔之间的联系有时可能比现实更具象征性，但是那些使我们在巨大面前顺从、保守、墨守成规的原因和影响的联系，与可能使一个年幼或羸弱的动物听从一个更威风的雄性领袖的那些状态几乎没什么不同。

但除了这点，关于人类构造还有些特别的事。我们知道我们是自己，并且在除了睡觉的每一个时刻，我们都精确地意识到一个主客体的划分，在这里我们属于每一部分，但又和宇宙的其他部分相分离。即使我们完全相信有关我们存在的所有事实，包括我们非凡的自我意识是由物理力量及原子运动而造成的，我们也能对我们的内部世界有很深的了解，感觉好像它是由不同的材料所制成的。相应地，由于对自我的意识，我们对死亡的恐惧就产生了。这促使我们求助于超自然、依附于文化，或有时仅仅在一个深层次上否认我们知道的不可避免的事。我们部分求助于大型建筑来抑制恐惧，并借助终止魔术的时空来体验敬畏。我们用壮阔来消除空间界限的这种精神魔力，肯定被神经构造所加强了，但它不可能存在于神经系统的较低分支。要了解这样的敬畏反应是如何在神经细胞和突触水平上产生的，很明显地开始就要考虑我们对自身躯体的意识——它的大小、形状以及将肉体与宇宙其他部分相分离的边缘。当然，如果我们能识别出那些能产生这样的现象的任何机制，如回顾影响的体验，个体自身与由参加大批寺庙的和教堂的朝圣者们的皱巴的躯体所代表的、无穷的时空之间的神秘的联合，那么答案很可能从我们最初如何了解自己的躯体这一认知开始。

开始于很简单的事物。如果我让你闭上眼睛并将手臂举过头顶，你不需要看手臂的新位置就知道它在哪。首先，你的手臂的关节和肌肉处的接收器的丰富网络对运动做出反应，帮助大脑追寻你的位置。除此之外，大脑还存储了你第一次举起手臂的动作指令的复制，所有信息完美地联合来为你提供一个关于你的躯体位置的好的、精确的、快速更新的呈现。更新发生在手臂上的躯体位置的神经呈现是一个艰难的工作，这个工作开始被脑干中的神经回路所加工，最终在大脑皮层中一个关于躯体的深入了解的部分达到极点。对此的证据不仅来自能准确揭示这样的躯体呈现的位置的成像实验，还来自导致奇特病理的特定类型的脑损伤的结果。例如，一个病人可能不再感觉到身体的一部分真正属于自己。在一个被称作躯体病幻想（一个家庭躯体意识障碍）的病例中，病人会否认对自身躯体的一部分的拥有权，并声称受影响的四肢丢了或被丢了，在它的位置上的是一个亲戚的、医院员工的或甚至是一种不同种类的生命客体如蛇的四肢。影响颞叶和顶叶皮层的大的损伤，通常也包括前额皮层，会产生这种疾病。⑱别的不谈，这样的例子表明我们大脑皮层网络的作用是使我们对范围、界限以及对自身躯体的归属感的认识保持一个良好的秩序。坦白说，我们对这个世界所知甚少，包括在任何时间接近我们的手臂和腿的事物的分类，属于我们的和不属于的，以及我们拥有的通常能很好地分类这个问题的大脑网络。

在某种程度上，可能要解决一个简单的问题。我们能感觉到自己的躯体而不是别人的，我们将生命花费在与能力、程度以及自身躯体的范围保持完美的一致上，我们与自身很亲密。但许多其他的学者认为我们躯体空间的精神地图具有非凡的可塑性。在一个名叫橡胶手错觉的强有力的展示中，给被试展示一个手的橡胶模型。他们看见这只手被主试轻轻打了一下，同时，他们感到自己的手被打了。在一个短时间内，被试居住于这只橡胶手里，好像它是他们身体的一部分。例如，如果主试意料之外地举起一个锤子去击打橡胶手，被试会畏惧并表现出心理上的恐惧反应，好像这是他们自己的正要被打的手。⑲

在我的实验室，我们用虚拟现实的工具来探索新奇的身体部分的具体化的限制。在一个研究中，我们让被试戴一个可以给他们展示一个普通的室内场景的头盔，在这他们可以看见一个被抓住的他们的手臂的数字化版本。我们让被试的手臂远离他们的身体，以及一个从长的、可伸缩的前臂中伸出的、看上去很普通的手。随着被试移动他们的手臂，他们会看见这个超长的虚拟手臂的相应的移动。与橡胶手错觉相似的是，被试立刻使他们的令人惊奇的新手臂具体化了，好像它是他们躯体的一部分，并且他们对于它的使用表现出了适当的知觉和情感反应。（在我们的研究中，除了使用一个锤子，我们还用一个很大的虚拟的皮下注射针穿过虚拟手臂，好像去执行一个大的注射，被试不喜欢这个……）

在更令人印象深刻的研究中，斯德哥尔摩的卡罗林斯卡学院的亨里克·埃尔逊和瑞士洛桑的脑—心机构的布兰克已经能通过让被试从遥远的位置看见他们自身躯体的图像来产生显著的脱离身体的错觉（通过使用远距离摄像连同一个虚拟现实的头盔，被试从一个只有几英尺的距离看他们自己的身躯）。⑳短时间后，许多被试开始感到他们好像完全脱离了身体并正从另一个地方看着。更多的关于他们对自身位置知觉的正式测验都和这些感受相一致。成像研究显示涉及这个错觉的脑区与影响躯体意识障碍如躯体病幻想的区域有相当一部分的重合。㉑

同样的，这些类型的研究表明一个令人惊讶的结果：我们在生命早期就具备的并用来处理与环境的各种交互作用的躯体边缘的心理表征具有可塑性。我们不仅用一个持续几分钟的简单的感应程序来操作我们对躯体大小和形状的感知，并且对于这些新成型的躯体的所有权的真正感受有很多信号。在许多其他关于大脑可塑性的例子中，对我们来说要理解为什么它对我们的神经系统的可锻造是有意义的并不困难。例如，来自我们两只眼的信息的同等的处理，叫做立体影像，为我们深度视觉能力的一大部分负责。立体影像在生命早期公平地发展，但它依赖于正确的标准化体验。因为这个标准化依赖于成人的大脑的尺寸以及我们两眼间的精确距离，这使得体验应该起作用。但躯体意识又怎样呢？诚然，随着我们长大我们会希望看到在生命早期的躯体表征上的一些可塑性，但正如完全成形的成年人，这个立刻革新躯体的形状和位置的概念的奇怪的能力的作用变小了。为什么我们的自我意识能如此随意轻快地渗入部分有新的大小和形状的躯体里？

根据《在人类进化和历史中的多巴胺能的智力》一书的作者弗雷德·普雷维克所说，这个问题的答案可能源自一个简单的观察：当我们思考遥远的时间或空间距离时，我们的目光会向上转。被要求在头脑中做一个复杂的数学任务时，我们向上看。[22]当我们思考大的空间或长时间时，我们的眼睛向上转动。有趣的是，眼睛的向上转动也经常伴随着强烈的宗教体验、冥想状态以及幻觉状态。当然，最后当我们进入一个大规模的建筑时，我们的眼睛会朝向天花板。事实上，在一些宗教建筑中，会故意制作设计元素来鼓励我们凝视建筑的顶部，它似乎能延伸到天堂的高度。比如，在哥特式设计中，在一系列规模中的重复元素(更多的像之前描述的不规则碎片设计)被用来帮助产生极高的错觉，好像建筑的顶端延伸到了天堂。

普雷维克说，为了了解向上的凝视是如何与无限的内部联系相关联的，我们需要思考监督空间的大脑系统的整个组织。和其他哺乳动物一样，人类拥有很多承担对近体空间——立刻包围躯体并处于容易抓握之中的空间——的监视和控制责任的大脑系统。不足为奇的是，空间的这部分大多位于注视的眼界之下。这个空间位于眼界更高之处——在地平线之上——很明显是包括在抓取范围之外的客体的世界的一部分。所谓的体外空间区域远远地扩大到距离深处，并且它包括我们用来计划超越躯体当前界限的行为元素的重要信息。据普雷维克所说，人类中，体外空间的神经表征比其他任何动物的都突出，这绝非偶然。这些相似的系统，不仅为对遥远地方的深入注视的编码负责，它们还为负责抽象思维和推理的机制提供场所。从概念上讲，这使得抽象有点道理，按照定义，包括对超越当前的信息的心理加工。专门用来超越身体内部界限和抓住空间的硬件在理论上来说与这样的工作是适合的。

考虑到以这种方式对空间的分析、理解和控制的大脑组织的整个体系使得大范围的人类心理现象有了意义，它们中的很多与我们的超越和灵性感受相连。例如，在精神分裂症中可看到的多巴胺能的大脑系统的过分活跃，会导致我们对自己和世界关系的正常认知被扭曲。幻觉和错觉促使我们相信我们与世界的关系的正常的物理标志不再适用，其中的很多被认为是计算出我们自身与更大的世界的关系的体外系统的异常。认真的沉思状态，在其中参与者会报告身体界限的消失以及一种与宇宙的统一的感受，这种状态还显示了与远离近体系统的神经活动和朝向这些特殊的多巴胺能的体外系统间的平衡的倾斜的联系。对参与近体系统的脑区有影响的损伤也会改变朝向体外信息加工活动的平衡。并有一些研究显示，遭受这样的损伤的人也会体验到强烈的宗教和超越体验。㉓

当我们穿过一个巨大的空间，不管这是一个令人吃惊的自然远景，一个教堂，一个令人印象深刻的市政厅还是一个大法院，我们接近正常的一个反应是向上看。正如一个神秘主义者会向上集中注意使用一个“第三只眼”，或一个认真祈祷的人会试图将注意集中于上方的天堂一样，这个向上的集中注意激活了一个体外的信息加工系统，它使我们集中注意于遥远、距离甚或是无限，这个向上的注意帮我们解开了地球上的束缚，这些束缚蒙蔽了我们，让我们忽视了日常生活的真实事件，微小的生存的危急，身体的营养和保护，最后还有我们对死亡的意识。它还帮我们感受到来自与一个更大的存在——或许有人会感受到一个神圣的存在——相联系的积极的情感和舒适。尽管有很多因为被建筑环境中的巨大所包围而产生的复杂的感受和调整的行为，但其中的一些人，他们享受进化的连续性，就像当其他动物在一个社会秩序中找到住所，或感受到来自强健的父母的保护时所感受到的一样，以及鼓励我们去感受崇高的联系以及庆祝自我意识的奇迹的大脑系统的运作，他们都是极其独特的人类。也许就在这儿，我们发现了秘密的规则，它允许我们奇迹般地站稳在存在的边缘，享受我们思想内部的所有好处，同时还处理我们自身最终必然来临的死亡的深渊。并且也是在这儿，我们可能发现最令人吃惊的事，那就是在如此狭窄的壁架上，建筑环境用来维持我们脆弱的抓握的力量的展示。

第七章　空间和技术——机器中的世界

在2007年的一个寒冷的秋天，我到达了美丽的圣塔芭芭拉，它是加利福尼亚极好的海岸大学之一和成群的高科技产生的故乡，大部分副产品来自学校研究。我去那儿是为了拜访一群年轻的企业家。他们在一个聪明的心理学家安迪·比尔的带领下，在一个已经成为世界领先的虚拟现实的硬件和软件系统承办商之一的大楼中开始起步。在几天的电话中，在我向我的大学院长简要介绍之后，当他要给我筹集一大笔钱修建一个虚拟现实实验室时，我震惊了。我很担心买到错误的系统，因此我决定用我自己的一些钱来参观这个公司，看看他们的产品是否能达到市场宣传的高标准。我和比尔以及他的同事坐在一个普通的，远离市中心肮脏的小巷的仓库里，半心半意地听他对公司的起源和任务的描绘。他很友好，也很有趣，但我大老远来不是听演说的——我想和那些玩意打交道。

最后，小组带我穿过一系列迷宫似的走廊，进入了一个空房间。房间里有一些大型耳机(叫头戴式显示器或HMDs)，一些电脑，其他就没什么了。很快，我戴上了一个HMD，并且在一个小时内，我发现自己在一个悬挂在一个深坑上的狭窄木板上摇摇欲坠；在一个快速的红色跑车里奔向一个险峻的悬崖；当一列高速列车通过一个隧道向我疾驰而来时，我站在列车的月台上；监测到一个武装战士穿过中东某处的一个烧焦的村庄准备向我射击。

当我写下这些字时，我想到在短短几年时间里计算机运作和可视化世界发生的变化。在那时，这样一个经历能让我在社会上享誉数周。而现在，这听上去就像我在描述一个下雨的周末下午，一个青少年坐在一个游戏机面前的典型经历。但目前,也许只是短时间内,在虚拟现实系统的研究能力和甚至是最先进的游戏系统间还有些不同。使用带有先进的制图法能力和计算机运作的 HMDs 的虚拟现实系统能够提供有关现实世界的一个全景的、三维度的模拟物,使用者会发现它是如此令人震撼,以至于完全投入其中。在沉浸的体验中,感觉中充斥着模拟的视像和声音,它还产生了虚拟现实的圣杯:存在感。存在正如听到的那样:我们与头盔外的真实世界失去了联系,并且我们在模拟中感受到具体化。危险环境的模拟如“虚拟的伊拉克”——一个会给参观者提供一个中东士兵在激烈的战斗中所经历的一切的视听感受的方案,会有心脏剧烈的跳动,汗涔涔的手心以及肾上腺素激增的身体的跑动,十分真实。这个模拟是如此令人信服,以至于它被使用到从战场上回来的士兵的创伤后应激障碍的一些成功治疗中。①

要表达出这个高度逼真的虚拟现实的体验并不容易,除了说它们有点像清醒的梦,参与者从没有完全失去意识,认为他们所看见的在他们面前的是一种有知觉的把戏。他们能听见现实世界中的鞋子的摩擦声,以及进行控制的技术人员的咕哝,就好像当一个人从睡梦中醒来慢慢感觉到声音。但是呈现在 HDM 屏幕上的图像和声音能引出发自内心的情感——恐惧、惊讶以及高兴——以及防卫姿势的反应。将它放在驾驶座上,要克服阻止使用者从悬崖边缘翻车的心理抵抗很不容易,尽管他们知道这是虚构的,如果他们做了,什么也不会发生。绕着一个紧密的空间走,一个人会自然地倾斜离开墙,并躲避低悬挂的障碍物,甚至会认为现在所看见的所有东西都只由像素构成。

在某种程度上,这些对于这个虚拟体验的现象学的简单描述与我在上一章中的一些论述产生了共鸣。和我们的神经系统构造有关的某些东西使我们轻易地摆脱现实生活的束缚,并徜徉于想象的旅行中。正如证实的那样,我们可以将自己的身体表征改变成怪异的形状,甚或完全脱离身体,我们也可以轻易地被邀请进入虚拟的想象世界。

在看见我与虚拟的伊拉克士兵打斗,即去往圣塔芭芭拉的同一旅行中,我有幸拜访了加利福利亚大学的社会心理学家吉姆·布拉斯科维奇,他是第一批认识到虚拟现实对心理学实验有巨大潜力的科学家之一，并且仍然是这个领域的带头人之一。他的办公室前面有一面设计有太平洋的壮阔景象的巨大窗户，坐在里面想要立刻集中注意于他的话还有点困难。令人啼笑皆非的是，紧接着布拉斯科维奇就向我描述人类漫游的思绪的潜在能力。思维游离的每日研究通过使用一种能促使使用者随时表明他们的精神状态的特殊的智能手机来实施，结果表明我们花费一半那么多的时间在脱离现在的活动，并且我们的思维可能平均每分钟一次漫游到另一个时间或地点。②在我早期的书《你在这儿：如何在商场迷路但找到通往月球的路》中，我认为生活在当前以外的倾向，尽管可能使我们与某些空间的内在关系变得紧张，但它会促进人们的想象、展现、计划和修建的独特能力——换句话说，游离的思维可能是产生物质文明的人类认知构造中的一个关键部分。③据布拉斯科维奇的观点，这些无法抵抗的精神颤动也和我们想参与到虚拟环境中的倾向有关。心理上，我们处于一个经常退出我们的当前所在并去一些其他地方的状态中。因此，将我们置身于一个引人入胜的 3D 模拟中，能立即将我们带进一个存在于一个新的虚拟环境中的感觉。至于人类，当布拉斯科维奇咧着嘴坐在我对面时宣称："所有一切都是虚拟的。"

由布拉斯科维奇的合作者，斯坦福大学的杰里米·贝伦森实施的实验表明，甚至是仅仅轻微拟真的环境也能产生暗示着一些程度的存在的行为。在叫做第二人生的虚拟空间（或隐喻的宇宙）中，人们可以在一个大的、开放的沙箱中使化身具体化——可以给简单的类人的形状修饰上个人化的面部特征、衣服，甚至是新奇的结构上的附属器官——参观者可以从一个地方走到另一个地方，探索虚拟建筑，最重要的是，和其他的化身交流，这些化身是由另外的参观者对虚拟空间所具体化而形成的。第二人生的设计包括一些简单的工具，借助它们，化身可以学习关于遇到的其他化身的一些情况：它们的名字、性别以及简要的传记概述。还有可能测量社会交互的特性，包括躯体的位置和两个相对的化身之间的距离。在一个创新的实验中，贝伦森和他的同事尼克·伊追踪其他化身并观察它们的交互。伊和贝伦森发现，相对的化身的肢体语言和现实生活中的社会交互遵循同样的规则。④例如，由社会学家爱德华·霍尔制订并在他的书《隐藏的空间:人们对公共及私人场所的使用》中描述的空间关系学的规则表明,两个交谈中的男人倾向于比两个女人或双性人站得更加分开。在交谈中,男人之间比两个女人或一男一女之间更不可能有完全的眼神交流。⑤在第二人生中,这些相同的空间关系规则运用于化身间的交谈。相对的男人之间比相对的女人之间保持更大的像素距离,并且他们的身躯呈斜角指向另一人,而不是直接地正面交流。当一个人认为化身在图形精确性上很差,看看更多的卡通形象,并且一个化身的操作者没有采用一个真实的第一人称视角时(当穿梭于第二人生时,一个人通常有一个稍高于或低于自身虚拟躯体的优势,这很像奥拉夫·布兰克的体外模拟经验),这对于放松是个更有力的证据,我们的物理识别的位置可以在空间滑来滑去,轻易地居住在其他地方,甚至是仅由电脑编码组成的个体。

研究中的拟真的虚拟现实的一些最创新的用途被用在了社会心理学实验中,像布拉斯科维奇和贝伦森的那些,部分因为放松,当带进一些有关人们个人识别的元素时,他们似乎变得对新环境更激动了。

在一个由伦敦的一所大学的梅尔·斯莱特领导的实验中,属于阿森纳足球俱乐部的粉丝的被试被带进实验室并且置身于一个英国酒吧的虚拟的模拟中。在那儿他们遇到了一个对足球进行友好交谈的化身。有两种条件。在一种条件下,化身自称是阿森纳的粉丝,而另一个控制条件下化身是另外一些队或体育活动的粉丝。在交谈的某一点,第三方——另一个化身——进入这个场景并且开始和另一个化身打架。因变量测量是在多大程度上这个被试——研究中的唯一的真人——会去干扰这一纠纷。当和一个阿森纳的化身相配对时,录像记录显示人类被试变得更可能妨碍这一争辩,有时甚至试图在这两个模拟的争斗者间挥动他真实的肢体。当和一个中立的化身配对时,人类观察者的干扰就相对减少了。⑥这一明显的结果表示一个拟真的模拟攫取注意、影响和一个人类观察者的反射的社会条件的力量只过了相当短的时间。这样的环境为人类交互中的研究者们提供了一个巨大的机会。这个学科的历史主要包括人类同盟的使用,人类同盟的行为在一个个实验中被合理预测到一点,一个模拟的人类的行为各个细节都能被控制，并且能被依赖于在一个个试验中准确执行相同的事。

有一个有点实用的领域，布拉斯科维奇探究了教室中的空间位置在学生的学习进程中扮演的角色。毫不例外地，真实世界的研究表明，当学生坐在教室的正前方时，他们学得更好，也能记住更多信息。从那儿开始，他们与教师有更亲近的接触，经常的、直接的眼神交流，并经常参与到正在进行的课程中。布拉斯科维奇认识到借助虚拟环境的使用，空间可以被弯曲，这样课堂上的每个学生都能坐在相同的位置上——正前方的热点。当他开发了产生这种效果的一个虚拟环境时，在虚拟教室中占据最好位置的学生表现出了相同的学习优势，就跟在真实的砖块和砂浆的布局中表现的一样。⑦

在我自己的实验室，我们的焦点更多放在建筑布局对行为的影响上。我们能利用拟真的虚拟环境的优势来学习更多的人类对于建筑布局的几何学和表面结构的变化的反应，这些建筑布局范围从建筑内部到巨大的城市街景的每个比例。在我们自己的实验室的实验中，我们用这样的方法来探究被试对于目前家庭的引人注目的模拟的反应。这些实验表明，我们有关人们在一个以几何学为基础的家中穿梭的方式，并表示对位置的偏好的预测和在虚拟现实模型中的被试产生的移动模式之间存在显著一致。作为一个为了与建筑心理学有关的我们自己的理论而服务的测试，能够创造出一个全尺度的、只有像素的房子的能力是一个极大的福音。但是现实世界的建筑设计又是如何的呢？好的家庭空间建筑师对于设计一个适合这个空间的未来主人的个性和偏好的房子非常关心。我们使用的可能有用的方法是将这些个性和偏好放到一个清晰的经验主义的背景中。一个建筑师会递交一个设计的模型并从根本上将顾客置身于其中，去看看他们的反应如何以及他们会往哪儿走。如果他们愿意，为顾客附上一些简单的生理学工具来收集关于顾客的情感状态的身体数据也是有可能的。在我们的实验中，我们使用这样的方法来获得初步数据，即根据对他们的肢体及行动的资料解读，人们对于特定类型的空间偏好有时会失调。这样的分离最终可能会使一个极好的、有细微差别的并且有用的使用者对空间反应的模型成为可能。

使用更大规模的环境，观察参观者对虚拟的城市风光的反应，并以此来测查他们对由许多城市街区组成的场所的反应也是可能的。在我的实验室，我的学生凯文·巴顿曾使用这样的环境来探索影响城市中寻路的因素。巴顿建了两类大的城市规模的环境。其中一个由设计有好的能见度的长的街道的网格状的道路和直接的交叉点组成。通过它，人们可以看向前方，并可以设计出从一处到另一处的简单路线。在这个环境里，参观者看见一个有点像曼哈顿风格的道路规划，但街道上的一点额外的弯曲给人以更大的现实感。第二个环境包括更多的系统的、弯曲的街景画，这儿的从一个地方到另一个地方的可见路线有点短，并且很多交叉更加复杂。它看上去有点像伦敦的一部分，也许是新奥尔良。在空间的语言中，我们会说两个街道的"基本原理"不同。网格的规划会被描述为更加"清楚"，尽管这个单词仍然意味着易懂的日常理解，但它也有一个和街道相互交叉的方式有关的清晰的数学意义，尤其是从空间的任一位置到任一其他位置的路线的平均复杂性（明确地说，就是方向改变的数目）。尽管许多关于寻路的实验是在真实的街道和城市中实施的，但一个虚拟现实的城市的优势是它能够就街道如何相互相连作出精确的详细说明。

实验中的被试被要求从这个环境的边缘到一个秘密的地点中找到他们的路，这个秘密地点包括一个突出的路标，看上去像一个遗迹，比如一个纪念碑。意料之中地，被试发现在不那么清楚的伦敦风格的环境中比在更加直白的网格布局中更难确定这个遗迹的位置。这要他们花费更长的时间来找到遗迹，更长的时间来找到返回他们的开始点的路，并且在路途中有更多的停顿和犹豫。但是在一个虚拟环境中，我们可以通过使用行为者的其他的谨慎的方法来稍稍深入被试的思想。一方面，我们测量被试眨眼的频率，以及这些眨眼发生时被试在环境中所处的位置。对眨眼感兴趣似乎有点奇怪，但是其他的研究表明当我们在从事困难的、需要努力的认知过程中时，眨眼会更加频繁。这就好像我们正在试图通过真正地遮挡外部世界来帮助自己思考，或转向内部的思维过程。当我们看着虚拟环境中的眨眼速度时，眨眼时的空间分布显示出两个环境中的完全不同。在可理解性低的环境中，我们在许多不同的地方看到强烈的眨眼片段。然而在可理解性较高的环境中，眨眼仅限于一个或两个多交叉的地方。因此使用这些方法，我们可以产生一种关于心理过程的平均数量的形象，这些心理过程发生在处于环境中的任一特殊地点的被试身上。⑧

还有其他的聪明的方法可以使用在虚拟现实中来帮助理解寻路过程。例如，我们的实验问题的另一个，即当个体要寻找某些特定目的地并站在一个交叉点时，他们如何作出选择哪条路的决定。他们是如何记住他们在哪并决定他们接下来想去哪儿的？一个观点认为，他们试图记住他们在一个交叉点看见的当地的特征。在现实世界中，这些特征可能由突出的路标、符号和物体组成。我们的环境缺乏这样的路标，但它们包含在它们的几何学中的种类各异的交叉点中（例如，X－、T－和Y－形状的交叉）。某人可能试图解决一个棘手的寻路问题的另一个方法是看向远方——看向从他们目前的位置能看到的街道，以弄明白他们可以看见的存在于下一个交叉点的特征是什么。通过引进一点天气情况，我们可以轻易地梳理出在我们的虚拟环境中的两种类型的信息。我们引进了一股烟雾到环境中，这使得被试不能看见超过一定距离的东西，并且我们对雾的厚度和被试的能见度进行精确的控制。我们发现，对被试有用的当地的（最接近的交叉）和全局的（俯视能看见的大道）信息的混合在街道风光的整体规划上差异很大。

正如由布拉斯科维奇、斯莱特和贝伦森设计的实验一样，我们所做的这项使用虚拟环境的工作在理论上很有趣（它告诉我们关于如何处理空间问题的新事物，并产生新的假设），实际操作上也很有用。不难想象一个规划者会如何使用寻路想象。我们产生这种想象是用来了解当在设计它们时，街道上发生了什么，以及通过稍稍调整设计来对未来可能性进行窥探，以了解它们对思维的影响。当我戴上我的研究帽子，我对于新技术带来的可能性感到很兴奋，它允许我给被试呈现有趣且复杂的环境，但对它，我有如外科手术般的精确的控制。尽管现在是时候摘下我的科学家的帽子并应该试着像一个普通市民一样去思考了。当我正要描述时，我们在实验室使用的技术就不再限制于研究室封闭的环境了。它们开始遍布于我们的日常生活中，并且会在短短几年时间里加快进程。

大约10年之前,当我开始认真地研究虚拟现实时,激励我转到一种新技术的因素之一是一个经济方面的因素。在过去的时间里,研究几乎所有种类的虚拟现实计划的花费是极高的,并且只有那些大的研究组或资金雄厚的军事实验室能承担。当我转入这个行列时,一个好的实验室的费用降到了大约10万美元。尽管这仍然是一大笔钱,但它意味着将被试传输到甚至是相片般逼真的虚拟世界中的能力已经降到了许多机构能承担的水平上。我向你提供这些枯燥的经济上的事实是为了解释这个开始成形且令人震惊的转变。

在2011年,一个来自加利福尼亚的名叫帕尔默·勒基的18岁早熟男孩,因为没有一个好的虚拟现实的头戴式显示器而感到沮丧。他将一个精巧且便宜的元素布景和大量胶带放在一起,制造出了一个头盔原型,叫Oculus Rift。它注定要优于许多贵得多的头盔的功能,包括我在实验室使用的3万美元的模型。在几次设计循环和一个有着惊人成功的Crowdstarter竞选运动后,勒基将他最初的成功连本带利注入一个产品中。这个产品准备在2015年的某个时候进行商业发布,它可能需要花费300美元。这一设备将会对虚拟现实的世界产生巨大的影响,而作为对这一影响的重大期待的标示,勒基将生产Rift的公司以超2亿美元的价格卖给了Facebook。⑨

如果Oculus Rift达到了宣传的标准,并且早期使用者也坚信这点,那么它会被最初的消费者使用,以在日常基础上的难以抗拒的拟真的虚拟环境来使他们沉浸其中。当戴上一个轻的头盔,我们能够将自己从卧室传输到任何地方,这些地方可以完全立体和高分辨率地被摄影或模仿。它是试图预测未来的傻瓜的游戏,但实际上,Rift将会在我们生活的时间和空间构造中撕开一个大洞。这一结论并不是过分热情的大话,而是对显示技术的未来的一个冷静声明。

想要了解易得的虚拟现实的要求,首先要思考电脑游戏的普及的大浪潮。游戏曾是青少年——大部分是男孩——他们每次消失数个小时投入到奇幻世界和第一人称视角射击——的专属,但这些漫长的日子已经一去不复返了。根据娱乐评价系统的最新数据显示,美国2/3

的家庭拥有一个游戏机。玩家的平均年龄是 34 岁，并且有 26%的游戏市场中包括年龄大于 50 岁的成年人。女性几乎占据了游戏市场的一半。美国游戏产业的税收高达 100 亿美元，然而 2013 年的全球税收刚过 900 亿美元。[10]通过比较，美国电影业的全部税收大概和游戏产业一样，实际上这个税收比例在过去几年已经下降了。和今天的有复杂制图的电脑游戏相比，迷人的记叙文、令人激动的约会、被动地坐着看着一个呈现在屏幕上或家庭显示屏或笔记本上的故事可能很快就变得过时了。

正如我们似乎渴望由游戏提供的约会和行动的更高水平一样，我们也渴望超越键盘或简单的手动控制的玩游戏的新奇方法。比如 Wii 和 Kinect 这样的设备，它们都可以用一种更自然的姿势玩游戏，这扩大了对于玩家来说可以玩的各种游戏的范围，并增加了我们沉迷的程度。使用这些简单的运动跟踪设备，我们就可以在游戏设计中进行动作了。所谓游戏设计就类似于我们在游戏中所描绘的与现实生活类似的状况下所使用的动作。

在它的形成阶段，游戏产业遭受了极度缺乏吸引人的故事的经历。尽管制图很漂亮，化身也惊人的逼真，但它们所讲的故事只是现实生活中用滥了的动画版本，而且我们大多只因为惊心动魄的枪战体验的兴奋感而待在游戏里。但现在，这点也正在改变。因为游戏开发者认识到了包含的故事元素的重要性，这也被构想为动作的背景和设置。尽管有人认为，当谈到沉迷时，即使是最好的电子游戏也难以接近彻底的，由大型故事单独提供的愉悦和逃脱——狄更斯或托尔斯泰的一本书中说道——数字仅意味着其他。人们，尤其是我们中的年轻人，对此也很反对。考虑到想通过互动游戏寻求娱乐和丰富的文化的爱好者的急剧转变，那么最好的艺术家转向这种流行且令人激动的媒体需要多长时间？尽管对传统的表达形式的保存表示关心的家长、教育者、作家以及其他任何人可能对此感到惋惜，但它确实在发生。此外，考虑到积极的游戏魅力的有效证明，当与更多的消极形式相对比时，我们有充分的理由去相信，当我们可以用少于一台好的游戏机的价钱得到完全拟真、视野宽阔、3D、动作追踪的虚拟现实时，集娱乐、教育和文化为一体的互动的计算机媒体的发展趋势会加速。

虚拟现实技术的广泛可得将会使引人注目的拟真体验得到极大的进步，这点几乎毫无疑问。分离的爱人们能感受到一种强烈的面对面存在的复制。随着模拟性交这一专门领域的稳步发展，将来我们使用虚拟现实工具进行模拟的触摸、前戏甚至是一种奇特形式的性交也是有可能的；⑪教室里的学生可以戴上一个轻的头盔，并且发现自己被传输到了古罗马的街道上；新闻记者可以用远超简单的文字和图像的呈现的方法来传达故事。当看新闻的人们能从根本上感受到一个饱受战争摧残的地点的激烈，或一个人道主义危机中的心碎时，“嵌入式新闻”的意义就要完全改变了。这样的事情已经以一个有限的方式正在发生：南加州大学的交互媒体实验室已经生产出了叙利亚项目，它能让观看者体验到一支火箭攻击阿勒颇时的视听感受。⑫

考虑到以一种我们理解的并穿过空间的方式进行彻底改变的前景，以及这种新体验的所有会令人兴奋的前景，要养育一个阴暗面的幽灵，我对此是吝啬的。而且这种会给我们的旅游、娱乐、交往方式带来发展的同一技术，也会带来风险。至少其中有些和我们与建筑空间相连的方式有关。

抽象的定向障碍综合征

在我建立我的虚拟现实实验室后不久，我向我们的大学评审组递交了第一份关于一个被提议的实验的伦理学申请。几天后，我收到了一些好奇的反馈。其中一个评审员提出了一个问题：如果一个被试体验了我的一个唯美的虚拟环境后，对于实验的虚拟世界和真实世界之间的区分变得困惑不解怎么办？如果他们非常迷惑，以至于不能在平常的空间里进行一般的交往怎么办？我应该同意由我出钱叫车送他们回家，并在之后对他们进行检查以确保他们已经平安地回归现实世界吗？我对这些问题的本能反应是哈哈大笑并自言自语道，如果我的环境可能变得这么有影响力，我会为这一出色的工作而自满的。然而，现在回想一下这个经历，我不得不思考这个问题里是否有点预见性。有时候,基于使用环境的实验并不像我在实验室中使用的那样注重细节,我们知道沉浸于特定的虚拟体验中对使用者会产生持久影响。那些在虚拟现实中的更年轻、更有活力、更健康的人更可能表达出照顾自身的意愿。那些被给予了超能力(比如飞行的能力)的人在体验后更可能表现出英勇行为,或者至少是更多的亲社会行为。⑬在这些例子中,可能有人会认为,在实验者的掌握中,被试在某种程度上变成了更好的人。但如果我们可以通过在虚拟现实中的德行经历而变好,那么肯定地,我们也能变得更糟。暴露于一个拟真环境中的暴力行为下的长期影响是什么?置身于叙利亚的火箭攻击中如何改变我们的身份?尽管这一争论因为暴露于具有较少拟真特性的暴力游戏中而产生的长远影响变得激烈,但我不认为有任何人能回答这样的问题。

更多的与拟真的虚拟空间对行为产生的影响有关的讨论出现了,我首先想到我的一次体验,即之前向一个建筑专业的班级的学生展示我们的实验室。为了给他们留下印象,我向他们展示了一系列我为一个实验而设计的、全面的家庭空间的精细模型。在展示中,学生们可以穿过房子,探索它们的结构和视角,并普遍地产生一种在环境中的存在感,或许是我所希望能这样。最后学生们爬上其中一个模型的楼梯,并且跳出楼上的窗户去看发生了什么。在这个例子中,因为我的模型没有编造这样不寻常的行为,因此学生们撞击我的模型并出现了"电脑蓝屏"——作为一种普遍的电脑程序失败的标志而为世界所知。如果能够预见到这点,我就不应该对这些具有创造性和冒险性的学生抱有期待,正如他们沉迷于 3D 环境的高表现性的幻想的各种方法中。但当我们看到虚拟的环境在我们的生活中愈加深入的渗透力时,出现了一个更深层的问题,即我们是否会将物理空间提供的正常的限制和障碍看得并不那么重要了。如果实验者所展示的虚拟现实对现实世界的持续影响是真的,那么这似乎就会成为可能。我不是在建议我们所有人开始迅速跳出窗户或离开建筑屋顶,而是想说明我们对物理空间正常地对运动和活动进行限制的方式的理解,将在一个难以预测的方式上发生转变。

在我之前的书《你在这儿》中,我写下了有关各种空间转换技术在削弱我们早已脆弱的地理空间的控制力、事物间的联系以及物理空间的秩序上的潜力，这些技术范围从电话到电视，甚至是飞机或列车上的高速旅行。在拟真的虚拟现实中，我们的从一个时空进入另一个的心理准备和一个神经系统连在一起，这个神经系统被完美地设计以来适应改变的刺激模式。要了解我们大脑的非凡的可塑性在多大程度上受到长期暴露于虚拟现实中的影响的伤害，我们只需要及时回顾一下有关知觉的心理学经典的早期实验。在19世纪末的研究中，伯克利的心理学家乔治·斯特拉顿戴了一副特殊的棱镜眼镜，它可以使到达他的眼睛的视像发生上下、左右的颠倒。有人可能认为这样一种视觉输入的奇特形式会让人产生严重的方向障碍，难以行动——事实上这正是斯特拉顿所发现的。但明显地，在几天时间里，斯特拉顿完全适应了这副眼镜，并且可以像往常那样使用视觉。一旦拿掉了眼镜，斯特拉顿又立刻发现自己的方向障碍，并且需要短时间对视觉输入的正常模式进行再适应。如果我们的大脑有足够的可塑性，在几天后就能完全适应这样严重混乱的视觉信息，那么在经历了虚拟现实的反复体验后，我们可能会易于产生相似的空间弯曲幻想，这一假设似乎就合理了。⑭

同样地，罗得岛州的布朗大学的威廉·沃伦和他的学生在拟真的虚拟现实中建了一套特殊的虫洞环境。这些环境包括几个传送门，当被试穿过时，他们会被立即传输到环境中的一个新地点。任何玩过"传送门"这个游戏的人会立即识别出这个效果。令人惊奇的是，被试可以建立关于环境的、可以产生大量感觉的心理地图，尽管他们完全没意识到他们所穿过的这个空间中的奇怪的几何形状的弯曲。对于沃伦来说，这些实验的结论和我们在心理上表示空间的方式有关——我们更多的是和空间中的联系相一致——空间的拓扑结构——而不是和过时的欧几里得的几何学。⑮但对于一个因为产生拟真环境的技术而随时会变得更深入的世界来说，沃伦的发现又一次表明，我们会变得比现在更糊涂的可能性和空间如何运作，以及它在我们的生活中所产生的影响有关。

所见即所得(所见并非所得)

未来的一种可能性是,当我们度过每天的生活时,我们会发现自己沉浸在一个由虚拟和现实空间组成的特殊混合物中。对这一可能性的一种放松的反应是暗示这儿没什么可怕的,所有一切都是可期待的。谁不想通过一个神奇的兔子洞到一个新地点以避免长而乏味的旅程?这难道不像《星际迷航》中使用的神奇的传输光束的魅力吗?而且为了继续这个相同的比喻,谁不想轻松接近有点像全装甲的东西?这样一个事物不既是一个娱乐的奇幻源头又是一个对训练、教育、商业、旅行甚至是内部的人际交往都有用的资源吗?

但是,一个更慎重的反应就必须思考不那么温和的空间弯曲的可能性。超市和百货商店的设计者可能会将大部分注意力放在环境变量促进冲动消费的方式上。使我们想到可能制造造成死亡的环境的目的是为了信奉社会保守主义。对于物质的建筑,资源密集型的一套方法限制了设计师,因为它要花费时间、金钱去修建墙和天花板,并且还要迎合大众(每个人都看见同样的物理建筑)。虚拟环境就不受这些限制困扰。虚拟环境可以立即修建并修饰,因为它们仅仅由光子组成,这只需由一台放映设备发射。此外,因为每一个观察者都沉浸在由一个个人设备所产生的环境的个人版本中,所以它可以给每个人呈现完全适合他们的经历、品味和兴趣的环境。初期,我提到 Facebook 以数十亿美元的价格买下了 Oculus Rift 公司。尽管我们可能将 Facebook 看作为我们与朋友保持联系而设计的一个申请,但这个申请真正的存在原因是鼓动我们通过个性化市场来买东西。不同于出现在屏幕上的、你的朋友们的登录的旁边的恼人的广告,想象一下如果这个产品出现在3D的光环下,为了达到你真正的目的而推动着你几乎逐步地跨过它们。此外,想象一下你正在一个3D环境中寻找你的一个朋友并且迷路了,突然你发现你的新闻供应变成了有点像宜家的令人困惑的通道一样的某物,除了你在商店里经过的每件商品有点和你最近的兴趣有关,就好像使用某种网络监控在进行测量。

不管 Facebook 打算与 Oculus Rift 合作什么项目，令人难以置信的是，为了这笔在交易中转手的钱，Facebook 居然还没有打算利用我们的偏好和激情，来寻找一个将虚拟环境和社交网站合并的方法，并以此赚钱。

第一人称射击

在人类独有的对建筑环境的一些反应中，自我意识的出现是一个关键的发展。自我意识的本质正是关于世界的专有的内部观点，这是我们都有的，并且它作为第一人称视角而为人所知。在文学、电影甚至电脑游戏中，我们对这一独特视角和其他的刚好不在观察者中心的视角进行区分。它们可能是对这一内部视角的影响的个人区域，比如弗雷德·普雷维克对近体和体外空间的区分，但所有这样的区域都起源于自我中心的视角。尽管我们可能会反思其他人的第一人称视角以及他们可能像什么(我们能做到这点总的来说是移情的基础之一)。我们习惯于抑制拥有一个清晰的、占主导的第一人称视角的世界，那是我们自己。但先回想一下布兰克的令人震惊的演示，他用相对简单的一个网络摄影机和一个虚拟现实的头盔的组合神奇地产生了体外体验。在某种程度上，这似乎是一个简单的视角转换——我们感到自己好像转变到在身体后面几英尺的地方，这很像我们对第二人生中的一个化身的具体化所感受到的感觉，在第二人生中我们是从短距离观看，并使用键盘或鼠标进行控制。但是在这儿有另一个更微妙的感觉，当我们可能学习了关于具体化感觉的易变性的一些重要的东西时，我们就丢失了第一人称视角的一些可贵之处。我们伴随着特定的尊严、隐私以及在世界上的自我战场的独特性而长大了，然后突然公平了，并且只通过技术的介入，那些品质似乎被玷污了。如果虚拟现实技术作为一个世界形象的使用者界面变得具有地方性了，那么我们的个人视角可能被放置在任何地方——不仅仅是在不可接近的地点像阿勒颇，还在奇怪的事物里，比如超长的胳膊，或者是像拉尼尔为微软所做的实验，进入一个模拟的龙虾体内。通过技术的使用，我们的第一人称视角可以真正深入世界并到任何我们想到的地方。这个含义是令人震惊的。

我们不能将人类看做是一种缸中之脑的体验——好像我们什么都不是,只除了是一个像电脑一样的中央处理器,跟世界的联系是随意的。相反,心灵和身躯之间的联系——我们的姿势、行动,我们的整个肉体不仅仅是对感觉的发展,对思想的发展也是至关重要的。同样的肉体也是管理我们如何与环境中的一切(不仅是建筑结构,还有人类)相联系的重要部分。但现在,虚拟现实技术所展示给我们的是,尽管一切似乎是正确的,但通过提高我们从一个时空到另一个的精神飞翔的倾向的心灵设计,是我们可以转换形状的具体化的准确形式。不管是通过转化的护目镜,逼真的虚拟现实头盔,还是像谷歌眼镜一样的设备的增强现实,我们对于身体形状以及它们的起源和结束地点的了解有待修正。这样的发现是如此新颖,以至于尽管我们开始了解科学,但我们还没开始思考人类存在这一事实的更广泛的含义。

我发现要取得关于这些发展的感受的正确平衡是很难的,包括那些已经认识到的和那些还处于地平线上的。一方面,我为这个能使对自我意识和具体化的了解的新方法彻底成为可能的技术的出现感到兴奋。毫无疑问,这些技术正在使心理学中的创新的实验方法成为可能,我现在可以充分利用它们。在实践意义上,我能看见新方法的巨大潜力。这体现在交换、建立新联系、参观其他不可能接近的地方,以及为教育设计好的令人惊叹的环境上。同时,我也有点担心,随着这种技术进一步发展,它会贬低在我的生活中最珍贵的一些东西。正如尼克·汉弗莱告诉我的,如果自我意识的主要的革命性的收益之一是感觉环境的全景画,它以一个专有且直接的方式为人所体验,并且使得生活有价值,那么它感觉上就像是允许我们将那个视角从一处投向另一处的技术的全面到来,将它按照任何利益相关者(从一个家具商店到一个政党)的要求进行塑造,包括对独特的个人经验的贬值。当我穿梭于一片森林时,向上凝视着浓密的树叶,看着风吹过时的涌动,听着鸟儿的鸣叫以及我踩在地上的沙沙的脚步声,此时此刻,我了解了那次体验的欢乐中的一个重要部分,它仅仅适合我。我在时空中享受到了一个独一无二的时刻,一个永远无法重复的时刻。也许同样地,沃尔特·本杰明在他的文章《机械复制时代的艺术作品》中说道，对一个艺术作品的精确复制，通过将它放在一个新的背景中，会改变原先作品的整个意义。我们现在可以将同样的忧虑不仅用于艺术，还用于所有经历。⑯某种程度上，本杰明的担忧是当手工艺品的精确复制成为可能时，这些复制品，从它们原先的背景中移除了，这不仅将它们的来源贬值了，还改变了它们的意义。在一个相似的感受中，即将我自己置身于一个真实经历的拟真的模拟中，尽管它会带来那个体验的共享和质量分布的优势，但不可避免地会稀释和贬低它。当我的孩子们对一个真正的恐龙骨头耸了耸肩，并转向一个增强现实屏幕，那儿正展示着一个艺术家关于当拥有骨头的恐龙奔跑时看上去怎样的讲解。我相信这种真实的贬值正是已经发生的。这个事情本身没什么特殊的，因为当某人在选择时，他可以拨号一个真正的 3D 拟真体验，它在感觉上会有同样的精确的效果。体验的背景，在由不朽的时间和空间混合在一起的世界中，滑向了无意义。如果本杰明与这个问题的含义比如艺术品复制进行斗争，那么现实复制的含义是难以想象的，同时这些还是一个我们还没开始准备的未来的一部分。

第八章　空间和技术二——世界上的机器

当我们进入一个拟真的虚拟环境中，从本质上说，我们正在将自己的大脑放入一台计算机中。绝大多数情况下，我们正在将自己从现实世界中解放，并将自己置身于一个程序的控制下。这一程序对我们的视听对象进行组织，以及对我们的运动反应进行精确监控，以此让我们来产生关于我们在某处的巨大错觉，而不是我们的躯体所在的地方。

虽然对于技术深入到空间中存在一种不同的方法，但描述它最好的方法是作为虚拟的"机器大脑"这一隐喻的一种相反物。在普遍存在的计算方法（普适运算）中，机器成了全世界。已故的马克·韦泽，曾是帕罗奥图的施乐研究中心的科研人员，同时还是通往环境和技术间联系的普适运算的创立者。他将这一新方法看作是技术在我们日常生活中的自然演变，相比之前的人机关系的循环（人机关系的循环开始于巨大的、房间大小的大型计算机的安装，然后慢慢进化成放在我们的书桌上的更小巧的个人计算机）来说，它与人类行为更为一致。

在一篇发表于 1996 年、被大量引用、与约翰·西利·布朗合著的论文中，韦泽使用了一个简单且令人信服的例子解释了普适运算的变革性的影响：内部的办公室窗户。这扇窗户提供了一个微妙的双向观点。在办公室的工作人员可以看见门外的一些活动。一群经过的脑袋可能预示着一个事件，比如开始一次会议或午饭。一个在视线中来回晃动的头可能让主人知道外面有人在等待一次约见。从外面看，从办公室窗户透出的光亮象征着主人的存在。简短的一瞥也能告诉外面的人有关办公室内的情况。主人是单独一人吗？她在打电话吗？韦泽和西利·布朗将办公室窗户的功能描述为"平静技术"。它是平静的，因为它不强迫自己进入任一方的核心观点，但它从边缘安静地预示，以及帮助组织每一方的行为。在一篇精炼且意义深远的论文中，韦泽和西利·布朗将这种技术的主要优势描述为它们“让我们感觉在家里”，或者，用他们的术语来说，它们通过使我们与我们需要知道但不需要聚焦注意的事情保持并列，以产生一种连通感。事实上，它可能只是为了取得两个事物间的平衡的一个小小的延伸。这两个事物一个是被认为在普遍存在的计算方法中起作用的过程，另一个是之前在描述随意的、无焦点的注意或“魅力”的有效使用时我所提到的那些，这似乎是将注意放在自然格局中的环境上的一种自然的默认方式。①

当我在多伦多长大时，像许多人一样，我总是着迷于加拿大人寿大厦（加拿大年代最久的保险公司的总部，一个漂亮的学院派风格的建筑）顶上的一个天气预报灯。这个灯塔至今还在运作，仅仅从大厦顶部显示一束持续的、代表着一个简单的天气预报的灯光。灯塔仅仅显示天空（多云或晴朗）、降水（蓝色是降雨，白色是降雪）的状态，以及状态是变化还是稳定，温度是升还是降。尽管这个天气预报灯只告知极少的天气情况，而且大多数信息人们只需瞥一眼天空就明白了，但它是普适运算在城市景观中运转的一个极好的例子。对这一编码熟悉的行人可以向上看或不看，并且灯塔会从意识的边缘传达一点有用的信息。

很难想象当韦泽在构思普适运算的核心观点时，就能预见到嵌入式运算的突发，而它现在涌入了我们环境的每个角落里。在城市规划专家丹·希尔的著名博客“城市之声”中，有一篇《作为平台的街道》的论文。这篇文章对于数据云中包含的所有信息形式作了一个很长的描述，数据云中包括一般的城市街道，其中大部分来自对于简单且分散的传感器和处理器的网络的安静的运作。这样一个数据云所包含的大量的个人数据不仅来自街道行人的电话，还有安装在街道上的监控交通、商业贸易、温度（室内或室外）的设备，甚至包括街道附近的所有冷冻机里的周围状况、人行道、街道上的所有车的性能参数、停车计时器状况或其他任何来源。数据云中包含公共的和个人的数据的混合，其中大部分从遥远的地方进行网络覆盖以及为观察者所得。在一般的城市街道上传递的数据已经变得和构建物理建筑的钢筋和混凝土一样重要了。②

1996年,当韦泽和西利·布朗发表他们对于普适运算的哲学概述的文章时,要预想到一个特殊的设备——一个在技术进入我们的生活中有着重大影响的设备—— 智能手机——的惊人发展是很困难的。

当我在1991年到达沃特卢取得一个教授职位时,我记得我在我的大厦的墙上看到了一些谦逊的海报,上面有条状可撕的电话号码。现在我多么希望我有它们的图片,但在那时,它这样做还没有现在这么容易。这些海报是由以迈克·拉扎尔迪斯为首的一个新晋公司张贴的。而拉扎尔迪斯曾是这所大学的学生,海报的张贴是为了一家他曾称为“行为研究”的公司。这张海报对他们的基本观点进行了一个简要描述,即给使用者提供一个计算机运作平台的小包装,以便他们放入口袋以及随身携带。这个公司当时正在招募新成员。我记得我当时站着读了这则广告。在我的一次令人惊奇的失败的想象中,我挠了挠头,想地球上的哪个人能发现对这样一个奇异且利基的产品的使用。它听上去像工程学的学生所使用的奇特的科学计算机的一种,但它可以打电话。拉扎尔迪斯的公司继续生产获得巨大成功的黑莓智能手机,一时之间成为加拿大最大的高科技公司之一,当它在1997年上市时,又激发了许多幸运的加拿大人的退休储蓄计划。在那时,全球市场中智能手机的渗透力还很小。从人均水平看,拥有智能手机的人数仅占全球人口的4%,相比2014年的数据,全球有70%的人拥有智能手机,并且在北美,使用移动电话的人数几乎等于它的总人口。③在不到20年里,曾经属于富裕的尝鲜者领域中的设备已经成了生活中的一个日常用品。此外,这些设备的运算能力超过了大部分的计算机功能,而计算机在几十年前才开始使用。比如,iPone5s很快就会成为一个过时的模型,我的十几岁的孩子会因为被人看见在公共场合使用它而感到难堪,尽管它拥有比发射阿波罗11号上月球的所有计算机设备更多的记忆和处理功能。同样的手机的图解功能要超过19世纪70年代著名的克雷超级计算机的性能的千倍之多。④

许多事物都因为日常生活的转化而诞生,而日常生活中已经充满了这一非凡技术的发展,对我来说这本书是不足以对此进行详述的。

但特别有一点对于智能手机在日常生活的重组中扮演的角色极为重要,每个人都应该加以关注。每个智能手机内部都埋藏着一个极小的芯片,通过窃听之前由美国航空局发射到太空的一系列卫星上的信号,让手机准确地知道它在哪儿,误差只有几米。这种芯片可以在爱好者市场以几美元买到,对于大量购买的手机或其他相似技术制造商来说,要比这个少很多钱。

我们很难知道是从哪儿开始描述移动设备中小且便宜的 GPS 传感器出现的全球反响的,但因为我们的主要焦点必须留在技术对我们与建筑空间的关系的影响上,因此,一个明显的出发点似乎是审视导航技术在寻路上的普遍影响。

这本书的青年读者很难记住这样一个时刻:如果离开手机,他们就不可能解决迷路问题,利用从外部传到手机的信号,在一张小地图上找到他们的位置,然后确定想去的地方。对于一个困惑的且要赶赴在陌生城市的约会的旅行者来说,在人类使用了数千年的传统的寻路方法中找到捷径的能力是一个巨大的福利。甚至是对一个偶然的旅行者来说,使用手机应用以求一些附近的餐馆的功能,也许包括一个告诉他们如何走的指南读出器,手机里的定位技术是一个节约时间的奇迹。手机应用还能被用来为我们注释周围环境。一个应用会给定位的使用者提供详细的历史和建筑信息。当我们路过一个有趣的建筑,我们的手机会告知一则简短的故事以及一些琐事。取代了用纸笔记录待办事项,我们的手机还配备有地理围栏。当我们在特定地点时会提醒我们要做特定的事。例如,我有时会对手机进行设置,当它侦测到我已经离开办公室时,会提醒我去买点食品。

毫无疑问地,我们的手机使以前很难处理的特定问题变得简单了,并且让一些可能会很困难的新行为成为了可能。对于我在这本书中描述的大量技术,我承认自己是个热情的支持者,并且经常使用。当然,它也有阴暗的一面。在这儿我不是要讨论由信号或设备失误或过时的电子地图引起的偶然的 GPS 失效;到目前为止,我们已经有了很多关于不幸的旅行者们的故事(或者是我所希望的)——因为盲目跟随 GPS 的指导而忽视了眼前的证据,他们将车开到房子里或湖里。过度信赖

GPS的更多潜在风险和这些不幸有关,但它们并不是完全相同的事。

首先,想象你身在一个没有GPS应用的世界里,在里面你被要求用不熟悉的空间守旧派的方式来处理日常事务。如果你年龄足够大、能记住那些日子,那就更好了。有很多不同的方法可以去导航不熟悉的地带,其中一部分依赖于我们的专业知识水平,而另一部分依赖于特定状况中的迫切需要。如果我们不向人询问方向,那么它们可能会采取的形式是对一条路线的逐项描述,这有点类似于一个GPS设备提供的方案。这样一个基于路线的描述还能够在手边的任务中表现得很好,但它不可能告诉我们太多有关我们的路线周围的环境,或者是向我们传达关于我们在去往目的地的路上穿过的地形的任何情况。一个更好的理解我们的地点的方法,不仅让我们安全到达目的地,还向我们提供进一步探索的可能性,以及对我们的所在地更全面的了解都会基于一张地图。我们中的一些人(尽管似乎是个缩水的数目)可能会采用一张真实的纸质地图。当然,这个地图是对我们周围的街道模式按一定比例的再现。使用地图的一个难题是确定我们现在的位置,这经常意味着我们必须仔细观看呈现在地图上的路标,抬头看我们的周围,并在两者之间进行匹配。相比简单地对路线进行逐向描述,简单地解决这个问题已经给了我们多得多的信息。杰出的导航的必要条件是心理的或认知的地图。某种程度上,这种地图和仍存在于汽车仪表板上的隔层里的纸质地图很相似(老实说,我们在那儿找到一张地图的可能性比在隔层里的大)。一张认知地图和一张纸质地图间最重要的区别是前者由神经元、神经元间的联系,以及那些神经元的放电模式组成。

为了有效性,我们的心理地图在几何学的精确上并不是至关重要的。事实上,它们可能是扭曲的,但只要它们保存地图上主要路标间的关系(即它们拥有拓扑的精确——像地铁地图一样思考某物),它们就不仅能帮助我们从A点到B点,还能在我们想找到C、D、E点时给我们提供关于去哪儿的好的意见。发展精确的认知地图需要一些努力。我们需要环顾四周,集中注意于周围环境,并且参与到我们所看见的、事物间的空间关系的有意加工中——本质上,我们正在试图将我们的视线从地平线转移到一种相对于周围环境无所不知的鸟瞰上。我们正试图想象从一个我们没有真正看见，并且对大多数人来说很不容易的视角上来看，事物会是什么样的。

在我所描述的两种不同的寻路方式中——一个基于对路线的逐项描述，另一个基于灵活的认知地图。其中有趣的是每一个都依赖于分离的神经系统。基于学习的路线大多存在于叫做纹状体的脑区，它是基底核的一部分。这个隐藏在大脑皮层表面之下的脑结构的集合，一直以来被认为与特定的动作控制有很大关系。例如，一些常见的运动障碍，比如亨廷顿舞蹈病和帕金森综合征，都源自基底核相关结构的损伤。我们现在了解了基底核的部分，尤其是纹状体与记忆和学习过程有关，包括对路线的学习。⑤

海马体是一种古老的皮层组织，埋藏于大脑的颞叶区。在 2014 年为约翰·奥基夫赢得了诺贝尔生理学和医学奖的一个突破性研究中，奥基夫发现了海马体中存在的很多细胞对地点很敏感。只有当一只实验的动物处于环境中的特定地点时，这些所谓的场所细胞才会在活动中增加。奥基夫对场所细胞的发现使得神经科学中的一个家庭手工业开始运转。在其中，调查者们发现了更加新奇的方法，这些方法用来记录海马体中的细胞活动，以及将动物（大多是实验室老鼠）行为与生理学联系起来。最近，使用大量的其他类型的神经科学方法的研究显示，人类，可能还有其他所有动物都拥有这样的细胞，并且这些细胞形成了人类认知地图的支柱。⑥例如，由埃莉诺·马圭尔实施的、著名的有关伦敦出租车司机的研究显示，海马体特定部位的大小和导航的专业性有关。⑦还有其他的实验表明，海马体在一个负责运算空间信息的结构上拥有一个非常可取的属性——它对于经验是相当可塑的。不仅是海马体的物理属性能从根本上改变学习反应，还有大脑的少数区域也可以，在这些区域我们可以确定新细胞能在成年期中产生。这点推翻了悠久的教条，即我们一旦到达成年早期，我们所有的脑细胞都已经产生，而在之后的生命中，大脑的改变大多是以一个缓慢的（期望上）且不可避免的脑细胞的死亡过程为特征的。

海马体的这些特殊属性和它们在地图学习中扮演的角色之间的相关，来自我们对其在寻路技术中的大量使用的思考。通过聚焦于手机地图上的蓝点,而不是环顾四周以及努力构成一张真正的地图,我们正在缩短1000年以前所学习使用的过程。只要关心寻找我们的道路,我们就成为了纹状体的刺激—反应机器,像一只寻找奶酪的兴奋的迷宫老鼠一样匆匆掠过时空。

对于行为上的这一现代化转变的风险,没有人能够比麦吉尔大学的神经科学家博勃特更坦率了。在2010年的神经科学学会——世界上最大的由神经科学家们参与的每年一次的代表大会——上的一个报告中,博勃特展示了一组数据,数据显示:与不使用寻路技术的控制组相比,惯常使用GPS的人不仅海马体显得贫乏无力,而且在其他认知任务上也表现得更加差劲。这一展示引起了轰动。⑧博勃特警告说,考虑到我们了解海马体对于经验的反应,以及大脑细胞的一般的非用即失的做法,那么惯常使用GPS来避免更多的与地点的图位交互作用可能会引发大脑的退化,这就类似于在痴呆性疾病像阿尔兹海默症里看到的那样。事实上,海马体中细胞的变化被认为是更严重的退化性疾病的早前征兆。

似乎大脑损伤的风险还不足以令我们担心GPS的长期影响,但我对于过度依赖于定位技术还有一些其他的担忧。我所关注的并不是与寻路紧密相连,而是更多地跟我们与地方的一般的心理关系有关,以及它是如何被技术影响的。一个思考这一问题的方法是考虑科学哲学家艾伯特·博格曼的言论。在一部他的早期作品《技术和现代生活的特征》中,博格曼对他称为“装置范式”的事物进行了描述。这个范式是思考“装置和焦点的事情和练习”之间关系的一种方法。⑨博格曼说,一件设备,是一种向我们展示一个简单界面——一个平易的表面——的技术——在它的背后隐藏着小机械,能够实施超越意识范围的任务。一个简单的例子,应该弄明白博格曼借此所表达的含义,以及他在哪儿看见的这个风险。我们大多数人在拥有制冷和制热系统的大厦里生活和工作。这样一个系统的平易的界面是恒温器——一个外表很简易的装置,精巧地让我们对周围温度进行设置。使用一个简易的机械转换和一个测量温度的元素,藏于恒温器背后的这个技术为我们解决了所有事情。来自恒温器的电线控制了冷热系统的其他部分。因为天气的变化或我们自身的习惯(比如忘记打开窗户)而要求的系统运作的多样性也被不停歇地、自动地解决了。我们只需要偶尔触摸一下恒温器,记得交物业费,以及偶尔让技术人员检查一下系统。要想了解任何人可能会如何想象到恒温器拥有社会风险,就想象一个二择一选项。这简单得就像记住我的一位讨人喜欢的年长的亲戚一样。在加拿大的新不伦瑞克省的乡村里,一片暴露于风中的场地中央有一个偏远的农舍,她就独自住在那儿。尽管她有一个火炉,但是她的房子的主要供热来自厨房里的一个巨大的烧木材的铁炉。为了保持房子的正确温度,这位敬爱的女士不得不定时将木材放入火炉。她还不得不记得问别人——她的儿子、孙子或者当我在拜访时问我——以确保在临近厨房的房间里有一批木材。不仅如此,她还不得不准确地了解天气情况。当天气预报说有一场寒流时,她知道她需要更多的木材,并且她会让炉子里的火一直烧到晚上。同样地,活动和筹划要求将她的厨房有效地加热——博格曼会将这些称为一个焦点的练习——在我的老朋友、她的家庭和熟人以及更大的环境间建立一个联系。有一点必须清楚,即尽管简单地拥有一个只需要她偶尔正确推动的恒温器会令她的生活变得更加容易,但这对于一个为了焦点的练习的设备的替换会产生丢失、脱节、孤立的冷淡。

手机永远不会让你迷路,还会提供一个容易找到的蓝点来指导你,就像是对戴奥奇尼斯的灯的一个不正当的转化,不是带领我们通向智慧,而是盲目地去往一个预编的目的地。现在,遵循手机这一同样的思维,不难看出它也有个同样的缺陷。在这个例子中,被拦腰斩断的焦点的练习不仅和与寻路(寻路知识的文化共享、简单的询问方向)有关的社会练习有关,还与我们对地方的构造、外表和含义的意识与评价有关。在我的书《你在这儿》中,我描述了古老的寻路文化间的强烈的巧合。像加拿大的因纽特人,南太平洋传统的航海家,以及澳大利亚的土著居民不仅仅有灵巧的寻路技能,他们也拥有对周围环境的一种内在的、虔诚的联系感。潜藏在导航的高超技术和环境的管理职责之下的因素是一种对日常细节进行谨慎且关心的注意的态度,不管它们看上去多么微小。想象寻路技术可能以某种方式被用来鼓励那种关怀的注意也不是不可能的,这也许可以借助和技术的一个戏谑的关系的发展来实现,这个技术可以给我们提供一些比拥有一个闪光箭头和声音指令的卡通地图更微妙、更具挑战性以及更刺激的东西。但是一个要寻找最近的星巴克的公出旅行者要想和这样一个环境具有很大联系是不可能的。

拥有 GPS 功能的手机对我们的伤害真的有那么大吗?也许这就像认为电视对我们有害时的感受。这一设备允许我们一天 8 小时坐在沙发上,观看愚蠢的现实电视秀或愚昧的动画,它正是做了这样的事:它允许适应不良的行为但并不强加于我们。带给我们精神食粮的同样的设备也能给我们以警告和教育。用同样的方法,一部智能手机也许能杀死海马体的细胞并切断我们对环境中细节的注意。但它也能保证我们按时约会,使我们有作为旅行者的胆量,无畏迷失,勇往直前,并且在有许多的紧急事件需要管理的专业人员手中,它甚至能挽救性命。

在大量媒体如电视的例子中,这一技术附加的价值来自提供有价值的内容的那些。但是能与一部拥有 GPS 功能的手机的高质量内容等价的是什么?超越蓝点并使用位置感知技术的功能来丰富我们与地方的关系是有可能的吗?寻找一个会鼓励与地方和场所之间深奥的、沉思的、戏谑的对抗的应用的第一场所似乎是很明显的:游戏世界。地理游戏自从 2000 年高精确的 GPS 信号开始出现时就已经存在了,关于这一游戏的一个简单的例子就是地理藏宝。在这一娱乐追求中,玩家寻找秘密的宝藏或藏宝处,它们被进入这一藏宝区的其他玩家藏起来了,而这些玩家则拥有一些从网站的公众数据库里得到的线索。这个宝藏可能是一个单独的发现或者是一个更大的宝藏库的一部分。同样地,它们都由一个谜题或一个故事组成。全球的宝藏猎人的数量是很难统计的,但这个有点像技术辅助的定向运动的游戏,是基于地点的游戏中时间更长、更有活力的形式之一。这个游戏的价值组成有玩家向全世界的推广,对环境细节的密切关注(经常在为了搜索一个隐藏得很谨慎的珍宝时而被要求),以及去做一些对 GPS 的应用经常缺乏注意的工作,这可以通过努力将正在使用的技术展示的东西与在环境中看到的东西相联系来实现。

有很多其他类型的基于地点的游戏通常包括谜题、团队活动，并且它们有时在令人兴奋的猫鼠游戏中达到极致。这个游戏要求玩家快速地穿过有趣的城市场所来打败对手。但正如这些游戏如此引人入胜，它们代表了现实生活中的顾虑的分离——试图将现实世界转变成一个神奇的游戏圈。如果想象的内容是为了帮我们投入到空间中而不是让我们远离它，那么它肯定有点嵌入于我们对空间和技术的日常使用中。

丹尼尔·奎西亚在巴塞罗那的雅虎实验室的团队在一次示范项目中，在一个运用 GPS 应用的有成效的方向上起了作用。这个 GPS 应用不是只基于最短距离的运算法则，而是在一系列美学的变量上找到路线。[10]为了创建这一应用，奎西亚的团队首先在城市视角的美学标准上收集群众资源数据。为了做这项工作，他们简单制作了大量可得的关于城市地点的图像，并邀请被试就美丽、幸福和宁静这三个维度对图像进行评价。基于这个反馈，他们继续试图定义城市景观的视觉属性，这很可能是从观看者中选出对那三个美学属性的强烈印象。此外，他们将他们的发现应用于一个更大的、来自图片分享应用 Flickr 的一组图像上。在地图上标出了伦敦和波士顿的大型区域的一些有效性质后，这个应用发展的最后阶段是要建立一个寻路算法，借此使用者不仅可以对他们的起点和目的地进行详细说明，还可以要求这个应用为他们找到这两点之间最幸福、最安静或最漂亮的路线。这款应用还在改良中，但早期测试显示使用者的反映很好。奎西亚的工作意图是削弱使用者的简单的最短路线的观念模式，鼓励他们在一个更丰富的空间体验上花一点额外时间，这点是有希望的。

位于 GPS 技术的潜能使用的最前沿，并颠覆或扩大我们对寻路技术的最初使用和我们对空间的日常理解的更多的是 MATR 应用。这个应用是一个有远见的、跨学科的团队 Spurse 设计的，它是一个创新性的设计咨询公司，主要从事改变我们对系统的理解的工作，系统范围从社区、机构到生态环境。MATR 代表临时性研究移动装置(Mobile Apparatus for Temporality Research)，由一个应用组成，这个应用聚集了一个和地方有关的大范围的变量，其中大部分处理了一个地方的不可见的悠久的历史——它的气候、地质以及人类历史。当使用者随身携带一部移动电话时，MATR 应用会产生一个声音，这个声音是使用一个复杂的、大量和这些深的时间变量有关的数据作为输入的运算而产生的。MATR 的目的在很多方面都比那些设计来帮助我们寻找美丽和宁静的应用更加有雄心。它被设计来提供一种全新的感觉渠道，这种感觉渠道以寻路技术和一系列能延伸到古时候的巨大的空间力量为基础。⑪

尽管像 MATR 这样的应用和奎西亚的寻路技术都不可能取代我们对手机的日常使用以避免走丢，但我很欣赏它们，因为它们促使我们对那些日常使用的影响的思考更加仔细。仅仅凭借提供一个可供选择的最短路线运算以及从 A 点到 B 点的疯狂赛跑，这两款应用就能在我们允许一台机器消耗自身的认知能力时，突出丢失的一些东西。它们鼓励我们去思考一个可能被习惯于使用来提供一个有关愚笨的名人游戏节目的空间对等物的同一设备，也可能给我们提供一个关于改变我们对世界的思考方式的精彩纪录片。

任何习惯于依赖智能手机的人都知道，这个设备的位置传感能力远超出简单的寻路应用。我们使用手机不仅仅是为了告诉我们我们在哪儿，还为了给我们提供有关周围事物的信息。几乎每部手机应用都会要求获得你的位置信息，不管要求信息的理由是否明显，我们经常会不加反应地交出这一有用的数据点。那个信息至少可以用三种不同的方法被使用。首先最明显的是，知道你的位置会允许你的手机向你提供关于周围环境的信息。这不仅仅是简单地告诉你你在地图上的位置，它还包括让你知道附近的餐馆是什么，最近的咖啡店在哪，以及其他使用者对你面前的鞋店的评价有多高。毫无疑问地，拥有这种信息在你的指尖是很有用的，尤其是当你对地形不太了解时。第二，很多应用可以让你将自己的想法和感受贡献给有关位置编码信息的累积数据库。如果你在一家餐馆吃饭，并且很享受（或其他感受），只要你愿意，你可以通过一些文字，甚至是贡献一张吃饭的照片来评价这次体验。通过将信息捐给一个评论的众包数据库，你就是正在给这一能被其他人看到的数据增加巨大的价值，这一项是免费提供的。此外，似乎有人有强烈的倾向去寻找这样一个工具的毛病，这个工具允许使用者有权使用这样一个珍贵信息的财富，并且不用花钱，而不是付出一部手机或数据计划的价格。首先我想减轻你可能有的任何担忧，即我要告诉你使用像Yelp和Foodspotting这样的应用可能会损害你的大脑。就我所知，它不会(尽管它可能会扩大你的腰围)。但对于那些提供有关环境的、即时的网上处理的系统，我确实有点担忧。我认为这些应用的真正风险是它会掠夺我们对无中介的新奇事物的无加工的经验。回想我对于环境的无趣的、危险的描述，我描述了这样的发现，即和大多数其他动物一样，我们对于新奇和复杂性有一种最有效点。使我们投身于环境中的是一个承诺，即如果我们保持运动和观看，我们会遇到使我们惊讶和开心的事物。手机担任了一种具有大量信息的探测器的功能，并告诉我们在我们到达那儿前前面是什么，如果我们被手机引入了这个世界中，那么这个设备是在我们和对现实的愉快的、无中介的、无加工的体验间设置了一个额外的层次。我们能偶然发现某物的唯一方法是在上网时。真实世界的差错，以及它所有的偶然发现的荣誉和能量正在变得不合时宜。

但正是来自我们手机的一堆定位数据的第三个用途最令我担心。它只需一秒反应时间去了解这个给我们免费提供有用信息的应用的大量的、好得令人难以置信的奖赏。这是因为我们所赠送的对其他人来说很有价值。我们应该以这种方法去思考它。想象一下我们能及时回到最早的百货商店——像伦敦的塞尔福里奇或巴黎的波马舍——的重要的日子里。那些消费殿堂的设计者们曾努力想弄明白如何进入购物者的思想中——去使他们对于花钱感到开心、舒适以及兴奋。想象一下给那些设计师提供一个能使他们窥进购物者的大脑中的工具，借助它可以去看看购物者去哪儿，看什么，如何描绘他们所看到的。当然，对于这样一个机会，他们会迫不及待的。想想几年之前，看到市场调查者带着笔记板站在商场里，拦住购物者向他们询问一些问题，这种现象是很常见的。我们不再看到这些人了，因为他们不被需要了——我们自愿将市场营销者需要的所有数据输入手机，并且将我们的习惯、行动以及想法提交给会给我们免费提供一个简易的手机应用的任何一方。在科幻小说家以及未来主义者布鲁斯·斯特林的小册子《物联网的激烈斗争》中,他发表了同样的观点,但是语言更加华丽。[12]尽管他谈论的内容比我们自愿提交的生活细节要多得多,但他描述了最主要的参与者——亚马逊、谷歌以及苹果——正被卷入一场争夺世界霸权的虚张声势的斗争中。随着世界上全部的物理运作变得仅仅是为了生产出高科技产品,世界的信息成了最高资产并且是最后值得奋斗的东西。

再次心动

移动技术的新生代的功能比简单地追踪行动和记录购买习惯更多。它可以在一些相当准确的情况下测量我们的感受。当我实施我的世界的心理地理学实验,探索不同种类的城市格局和人类行为间的关系时,我使用了一个简易的手表风格的设备,用它来测量被试的自主神经系统的状态,其中使用敏感电极来悄悄记录汗腺反应。通过将他们的唤起水平的极大极小值和他们使用智能手机的 GPS 功能的地点相联系,我能够编制出一张地图,这是一张以我的观察者的躯体波动为基础的反映城市社区压力的地图。参观城市公园和花园引起了高唤醒水平并不令人吃惊,但唤起模式也和在街上遇到的迎面而来的人的类型和区域中交通和噪声的类型有关。对于一个像我这样的研究人员来说,能够想象出城市街道的结构是如何影响情绪唤起的一个简单指数代表着一个巨大的前进。想象这样的数据会被如何使用来推动城市心理学的理论和处理城市规划中的实际问题是不困难的。例如,一个街道或社区可能正产生难以接受的压力水平,这就可以补充给一个城市规划者能量化这一影响范围的有力数据。我承认对于传感技术的发展,我只感到了兴奋。当人们身处自然环境中时,它可以很容易地准确感觉到人们的情绪状况(我见过最新的方法是创造可移动的纹身,它包括可以测量汗腺反应、心跳甚至是鸡皮疙瘩的嵌入式的电子仪器)。但随着如今可穿戴技术的猛烈发展,我们可能会在消费市场看见很多类似的工具。像 Fitbit 或 Nike Fuelband 这样的健身配件能让使用者测量他们的运动水平,并且在某些情况下,心脏活动也能测量。在我的家乡基奇纳有一家新兴公司,它正在设计一种手镯,它最终能刺探使用者的血液，并分析其成分以提取新陈代谢的指标。这样的设备的软件的许可证往往会要求使用者同意向这一设备承办商提交他们的数据，并且正如监测我们的行动和兴趣的手机一样，我们现在也仅处于有关这样的数据如何被使用的萌芽期。例如，当我写下这些话时，一个加拿大的女性已经在一场个人伤害诉讼中以此作了标题，将通过从她的 Fitbit 中提交活动数据来作为失去机动性的证据。⑬尽管在这个案例中，数据是资源提供的，但这种数据将来会提交于法律案件中的传票中，而这一天的即将来临似乎是不可避免的。

除了直接的生理测量，还有其他方法可以对来自我们的移动设备的数据进行情感的地理编码指标的提取。例如，社交媒体应用 Twitter 通过提供一个免费的微博服务而席卷了全球。通过这一服务，使用者可以分享新闻、发现、领悟或他们的午饭的照片。它还能被用来对比全世界的情感。Twitter 的内容可以被开采来为使用计算语言学的方法的情感内容服务。所谓的"情感分析"已经变成了一个大业务，因为公司可以使用它们来测量使用者对一个特定产品的态度(通过言语、分析所有包含单词"Starbucks"的微博中的情感内容)。但微博也可以进行地理编码，这意味着它们可以被用来对比不同地方的情感单词的使用频率。理论上，给微博所产生的城市街区附上标签是可能的，但这依赖于应用的使用者所设置的私人环境。至于微博仅被编码到使用者的家乡就更常见了。然而，使用情感分析的可能性，或者甚至是妄图分析(在这儿文本信息被开采来作为你下一步计划做什么的线索)都可能在社交媒体的使用中扮演一个越来越重要的角色，以此来刺探我们的内部状态，并加入地理因素，这会使得大范围的商业和机构同行有权使用地方的情感构造。

地面控制到地面控制

手机改变了我们与地方的关系。使用它们，我们将自己的手装入一个对我们的世界进行合成的微观世界中。它在一个单调的、程序化的景观中将我们的地点描绘成一个点，并提供有关我们周围环境的非常详细的处理。我们中的许多人对这个世界的微小的娱乐是如此迷恋，以至于我们有时会对它比在它代表的事物上投入更多注意。我们的手机开发了理解这个世界的新的可能性，其中一些很好，另一些则令人不安。但因为手机是个人的，因此这个巨大的、连接的设备网络的节点仍然代表单个的人类。

空间和地方的控制论的转变中的下一个待开发的领域不仅仅聚焦于人类间的关系，甚至是在人类和他们居住的环境之间的关系。在夸大其词的物联网中，使得人类的自身安全被设备和传感器所渗透了，它表面仍然是为人类服务，但现在焦点放在人类自身及它们之间的联系上，而不是给尽管赋予了它们生命的人类身上。许多新闻媒体报道可能会引导我们去相信，物联网的新颖在于我们生活中的器械和小配件会开始相互对话。我们的一氧化碳监测仪可以与我们的火炉进行沟通，当检测到房子里的空气中有致命的瓦斯时，火炉会关闭。我们的可穿戴的计算技术也可以与我们的器械进行对话。因此当我们戴在手腕上的智能手环监测到我们已经起床时，它会告知咖啡机开始准备早饮。这在某种程度上听上去就像反应式家庭，在这里传感器网络可以了解我们的习惯，调节自身并优化它们的行为，以使我们被了解、情感以及关心所笼罩。物联网与众不同的是规模。与其将自身与布线，还有一些家用器械联系以让我们早上的流程更简单，像西门子和微软这样的大型公司更愿意致力于开发综合性的系统。它可以为整个城市做一个Nest恒温器为一个单身公寓所做的事，它可以在你离开家时关闭制热系统，并且可以通过电话与你交谈。事实上，像韩国的松岛市，或是阿拉伯联合酋长国的马斯达尔，都开始从地面开始完成所谓的智能城市基础设施。智能城市的乌托邦空想是所有地方都用网络连接在一起以实现每个可能的效用。这里没有交通拥挤，对于紧急情况能作出即时的自动反应，适应性的HVAC系统最大限度地管理能量平衡，以及运用其他系统设计来对每个居民的生活中的细节进行照料。注意到每个细节，对每个数据点进行存档，并且使用一套复杂运算来对城市中自上而下的所有复杂机械进行管理，以使城市功能达到最佳状态。不难看出这样一个提议是极具吸引力的。在一个面临过多污染和缩水的资源基础的世界中，仅和拥挤有关的城市新问题就让我们感觉到它们的解决方案是如此复杂，人类的思维是难以解决的。在这个想法中，我们可以将所有事物相连，将它与一个优秀的任务控制总部相连，这个总部中充满了可以理解并精心策划所有城市事务的庞大的计算设备。我们在自动化并最优化的城市的照料下免费享乐，还有什么能比这一想法更吸引人呢？

对于现在所预想的智能城市发展的概述，没有人比纽约设计原则城市景观的负责人亚当·格林菲尔德做得更好了。在他的宣传册《反对智能城市》中，格林菲尔德钻研了由智能城市的大亨——西门子、微软和思科提供的公众关系材料，以试图解构这些技术大咖们对我们不久的未来所进行的预想。⑭在格林菲尔德深刻的分析中，首先指出由这些公司提供的计划，至少是根据他们想卖给公众和城市行政者的幻想，似乎由通用系统的软件组成，这一软件被设计来控制物联网设备的集体能量，以让使用一套包罗万象的算法的城市功能最优化。这样一条途径存在的一个问题是，假定城市的这一问题在所有地方都一样，并且在松岛实施的工作也应该在巴黎、柏林或圣保罗进行。正如格林菲尔德所指出的，给一批极其复杂且有趣的城市提供通用的系统忽视了对居民来说最重要的东西——它的文化、历史以及个性。在这方面，他认为采用大公司的智能城市系统的城市是整体规划了的城市，它们是从虚无的贫瘠的土地中产生的，而这绝非是偶然的。它们完全是库哈斯的广普城市概念的缩影，至少可能是从这里获得了一些启发。同样令人担忧的是，至少是根据似是而非的手册和网站，像西门子和微软这样的公司试图通过保持对智能城市系统软件的完全掌控，保持这一软件关闭并为它的使用而收费，以从中牟利。这种对一个城市系统的独裁掌控似乎是很危险的。正如像亚马逊和苹果这样强大的力量，它们已经对使用有力的技术的娱乐和图书施加了巨大的控制力，计划主宰万物网的市场的公司也准备控制万物。

从心理学的视角出发，并回想一下波哥曼，对我来说有关智能城市的设计最有力的问题是这些设计对居民行为、情感甚至性格会产生的影响。在一个舒适的关爱环境中，汽车可自动行驶，行李知道它什么时候被偷了,药丸知道它们什么时候被吞下,叉子知道我们吃得有多快,尿布知道它们什么时候被弄脏了。生活在其中,我们可能会感受到从未有过的关怀和安全,但我们的生活的“焦点练习”也会极大减少。我们什么时候会直面生活中的无经验的偶然事件?此时我们要像个成年人一样去决定基于不完整的证据和判断的事情,而不是像个襁褓中的婴儿一样从一个自动系统传到另一个?如果使用一个简单的、用来寻路的 GPS 系统可能改变脑组织,不用就使神经系统恶化的这一现象是真的,那么由智能城市的规划者所设想的更具综合性的系统会带来什么影响呢?我们很难不会想到其中一个影响是无助的依赖感和幼儿化。

同样令我不安的是从高处施加于城市以及为大众设计的通用准则实际上会变成自我实现。建立一个保护我们免遭伤害的反馈环境系统似乎是完全可能的——事实上是可能的——正如智能城市技术提供者当前所预想的,一座智能城市的居民可能会退化。尽管始终有标新立异者和异议者会反对现状,并开垦他们的环境来维护自身,但法人的智能城市会在他们的路上投掷一些新障碍。在这样一个城市里,列车会按时运行,但可能就没有值得参观的地方了。

如果格林菲尔德的书中的乐观的结论是正确的,我们就不必担忧这样一个反乌托邦的未来。他指出,尽管这一术语现在是不同的,并且这一技术也改变了很多,但是由智能城市的大承办商提供的奖赏却是我们之前所见过、试用过并作为一种失败所遗弃的。城市设计中的现代主义运动主要由瑞士建筑师利·科布西耶领导,他提议采取一种相似的对城市的技术官僚中心控制,根据科学原则来管理城市活动。科布西耶的光辉城市设计具有一些在现在的智能城市提议中可见的同样的特点——密集的独裁掌控,为使虚拟的大众生活最优化而科学设计的可供性,以及一个对城市的目的和它们如何兴旺的完全机械化的理解。这样的设计,在个人建筑(例如普鲁蒂艾戈)的水平上以及城市(巴西利亚、昌迪加尔)规模上都想和善地表达事物,并且大多数是基于格林菲尔德在智能城市概念中所证实的同样的对人类天性的曲解:我们人类不是一般的装饰品,只能被放入一个更大的机器中的正确位置。

我们所有人都是不同的、复杂的、不可预知的，并且不愿在日常生活中受到严厉管制。

当智能城市在人类天性和城市本质上作了一些错误的假设而导致它无法完美工作时，要完全丢弃智能城市的概念是很容易的。这并不意味着如果存在缺乏大量精力和金钱这一原因时，像西门子和微软这样的大公司不会努力实现它们的幻想。但是有一点也很重要，即要认识到有关智能城市的使用可能有其他模型，比如使用嵌入式的环境传感器的连接设计，可穿戴的技术，以及利大于弊的手机。正如我能在我的实验中的小样本被试中获取数据，并以此来学习在城市和建筑设计中起作用的心理学原则，其中一些数据来自我们放入口袋、戴在手腕上或安装在家里以及汽车上的技术。如果有开放的、民主的入口，就可以给市民提供他们需要量化、理解以及实施于城市事务的工具。事实上，特别是当我实施为增加公众投入和理解的展示或实验时，我的工作目的之一是要弄清楚我们所有人能从技术的这一大福利中得到什么，而现在它能够用来测量我们自身的行为。在生活的如此多的方面中，关键是要始终意识到当我们使用设备时传给互联网的信息的价值，要问有关数据如何使用的正确问题，以及要拒绝温顺地服从于公司的控制下，即使是最温和地看待一家公司，也要明白它并不能很好地扮演一个城市、一栋大厦甚至是家里的系统的家长式的监督者。

结论：再次回家

在我第一次参观巨石阵的10年后，我又一次和我的父亲去了。很多东西都改变了。一方面就是我曾经是个郁闷的少年。对我来说，站在这些石头下面并想象自己畏缩在一个巨人的庞大的腿下很困难。我仍然感觉到一些东西——远古力量的存在、神秘以及奇迹——但现在我想要撤退，通过闲逛、四处走动，好像这并不是什么大事来掩盖自己的感受。但在父亲的陪伴下又一次站在这儿比仅仅又一次站在这儿有更多的意义。从心理上比较这两次体验，它被一个时间所划分，在这期间我的年龄翻了不止两番，它给了我一种方法来测定在我身上发生的变化。我的内心世界更加复杂了。这些石头仍然向我打招呼，只是现在用了一种更善于分析的语言。跟我的父亲一样，我的内心世界现在被许多问题所充斥了：石头的意义、修建的方面。这些问题就像对它们的敬畏和害怕一样多。我开始用一个成年人的中立的立场来对建筑设计做出反应：一方面仍然受到一栋建筑的几何学和外表对我的行动和感受所产生的微妙且无意识的影响的支配，但另一方面又采用一种更正式、冷淡、具有分析性的立场——以一种方式站在我的自身体验之外，使用我们神奇的能力来意识到自身。我用眼角的余光瞥向父亲，并且试图模仿他的动作和姿势，眯起眼睛来计算尺寸和形状，试图变换出大量辛勤的工人们提举、堆放这些石头的画面。

我正试图使用那天的地方——在未加工的对地方的体验和对它的外部分解的评估之间的两个院制的中间立场——是我从未丢弃的，并且它准确指出了这本书的最重要的主题。不管我们喜欢与否以及我们是否认识到它，地方都会在情感上包围我们，指导我们的行动，改变我们的观点和决定，甚至有时把我们引向庄严的宗教的体验。有关建筑环境的形式如何施加这些影响的故事比城市化时间长，但离完整性还有很远。这些关系之后的科学正开始萌芽。主要的利益相关者对这一科学给予了密切关注。这一科学，连同一个我们可用来监督行为以及建筑可对我们产生影响的环境的技术革命，将我们带进一个个人—环境关系的新时代。

对于理解建筑与人之间的关系是如何作用的不同途径似乎是没有限制的。我们可以把建筑当做艺术作品、政治宣言、文化产品或仅仅是机器——人类生活产品的容器——来理解，并且我们可以在有关建筑观点的浩瀚的历史中轻易找到所有这些途径的好例子。在我自己的工作中，我曾尝试采用一种基于心理学和神经科学的科学方法。但甚至是当我将全面的还原原则运用于建筑和城市影响我们的方式中时，我有时仍能感觉到我7岁时那颤抖的双腿，它让我想起将一种建筑风格的意义缩减成一套等式将一直让我得不到一些最重要问题的答案。我感觉我好想两腿分开站着。一只在一侧的脚表示，我已经被由我支配的新诞生的工具所迷住了，我可以使用这个工具来帮助心理科学用到设计上。另一只脚不仅是对这样的工具的错误应用的怀疑，还有对这样的方法被严厉且无限制地应用后，这种世界可能的后果的怀疑。不管你是否和我一样生活于并呼吸于这一窘境中，或对你来说它更像一个远处的雷电的微弱的隆隆声——既令人兴奋又有点害怕——你双腿分开跟我一样站着。我们都知道有大事要到来了——在某些方面它已经在这儿了——我们不确定要如何对它作出反应。

一段时间之前，我被要求给一批大多由设计师和建筑师组成的观众做一个公众展示。这一展示采取了这样一种形式：我与一个杰出的温哥华建筑师进行讨论，另一名建筑师进行主持，并将它作为神经科学和建筑学之间的一次碰撞在宣传资料中做了描述，这种描述使我感到些微紧张。我从没觉得我对于理解如何设计更好的建筑的小小贡献会跟任何事物产生碰撞，尤其是建筑。也许是天生的，我总觉得我在设计的现实世界中的角色是帮助指出基于证据的原则的方法，而这一原则可以从我的实验中获得数据。我在这儿只为了帮助建造更好的建筑。

这一讨论就跟同类的讨论所进行的一样，一些冲突点开始出现了，这帮我了解到当一个建筑师面临有关设计和人类心理之间的联系的科学争论时所产生的焦虑。它归结起来就是自由的问题。如果我做一个实验，结果表明弧形门会让人更少产生焦虑，分泌更少的皮质醇，因此患上心血管疾病的风险更低。争论就这样继续下去，然后一个热心的行政机关——说一个负责维持最新式的建筑规范的市政府——会颁布一个永久的法令，那个城市中的所有建筑物都要修建弧形门。尽管这一特殊的例子有点轻率(即使弧形门中的霍比特网格的门确实能使人们感觉更好，我也不会那么惊讶)，但它强调了这一窘境。

使设计科学化似乎是一个有风险的方针，以至于建筑师们的创新想象被迫进入了一个还原的香肠斩拌机中，它只能产生我们早已尝试并欠缺的类似科布森的设计。但同时，允许一个建筑师不受在建筑中起作用的心理实体烦扰而去进行无约束的丰富的想象似乎也不明智。但对于不知何故的建议，即我们需要采取一个中间立场(在这儿明智的设计研究被承认了，但设计的创新性就像在妖怪的神灯里一样，不能从实验室的烧瓶中得到)被给予了充分发挥。这一建议似乎是个不坚定的结论，也难以获得，还有第三个方法吗？

任何没有科学与建筑学之间碰撞的方式都需要找到一种方法来回避独裁的或家长式的解决方法，其中单独的科学的原则会支配城市建筑的僵化的解决方案。对这种原则进行的完全适应性的应用应该给我们工具来理解建筑环境的规划如何影响人类行为，以及这些影响是如何被我们远古的神经系统回路和历史事件所塑造的——作为一个优势且在生产率上的焦点注意的角色的再定义，或者是现代生活的一个先决条件也会是这样一个历史性影响的好例子。这个框架并非是约定俗成的，正如我不相信对于建筑的或城市的规划有什么通用方案，也不相信一个任何规模的调控技术的自上而下且庞大的应用——从一个房子到整个城市——能告诉我们我们应该如何修建。但是，我相信来自谨慎的认知科学和神经科学的科学原则的应用能帮我们了解建筑系统现在是如何运作的，以及对于系统自身的改变会如何影响我们的行为作出一些聪明预测。但是这样的预测和来自当权者的任何城市建筑的法规之间有且始终有一个隔阂。

同时,给予建筑师不受约束的天性来设计迎合他们想象的任何种类的建筑物似乎没有价值(我认为这在现实中也不会发生)。其他人指出了发生在一个建筑师的想象和完工产品的使用者的观点之间的脱节。坦白地说,普通人的偏好通常与设计师的美感判断有很大不同。有人确定地将这一隔阂部分归结于教育因素——并且这是我通过相当少的建筑师以极大热情而呈现给自己的观点——然而必须对它加以考虑。对于一个建筑师来说,一栋建筑可能是一个真正的艺术创作,但不同于一幅画、一部电影或一尊雕塑,完工的建筑必须能在它的使用者的日常生活和超过使用期的基础上扮演一个有用且积极的角色。建筑师有责任去关心一栋建筑是否良好地服务于它的目的,以及它是否对建筑景观起到了一个完全积极的贡献,而心理学分析和实验可以帮他们完成这个责任。

但是这一系统的第三部分必须包含人类——使用者本身。如我们默认坏的设计,沉溺于无谓的漠然中,并认为在我们的建筑环境中起作用的力量是那么强大,那么独裁,并远超出我们的简单的理解,那么我们会继承我们应得的方面。拥有了理解——我希望我写在这儿的文字能对此有点贡献——任何聪明的、博识的市民都应该准备好进入争辩中,给出一个观点,并且就我们的建筑环境应如何展开这一争论贡献自己的看法。此外,这也是由互联网和移动技术所带来的,我们的新亢奋连通性能起很大作用的区域。

技术的广泛可得性使得任何人可以收集有关他们对环境的定位数据,直到包括他们的生理反应,为他们所有的风险,为市民给努力修建更好的场所的贡献提供巨大的希望。当我们在那儿时,会有成堆的描述我们去哪儿以及感受如何的数据,比以往任何时候都多。这是一个罕见的手机应用,它不给我们提供给自己的数据增加地理标记的机会——评论、照片、步行或开车模式、心跳、加速度测量术,有时甚至是身体温度和唤醒水平。尽管许多应用会将个人数据传输给一个中央数据库,这个中央数据库由提供软件的公司拥有,并且收集的数据不向公众开放,一些应用至少会允许用户查看自己的数据,少数被设置以便我们可以将自己的统计与他人的相比。除此以外，一个为了“开放数据”的普及运动正在加速，并鼓励自治市、州以及国家为公众准备更多的有关活动、交通和经济模式的有用数据。从理论上说，这样的数据可以为了城市规划的民主化而构成一个极有用的工具，使用信息的这一新形式，正如了解地方如何运作一样关键，不应该仅仅轻易地被每个人得到，但是理解它如何被使用，以及它能告诉我们什么的基本工具应该能让所有人得到。我们的学校应该教授数据科学。对大数据表达形象化建筑的有关城市如何运作的讨论正变得如此重要，以至于这一基本原理应该收纳于公众教育课程中，就像公民现在是为了繁衍后代。并且，正如萨拉·戈德哈根所说，建筑历史和设计也该如此。拥有一个场所来教授这样的事物比如好的艺术和文字，就跟理解人类状况同等重要的一门课程一样，不该忽视这样一个领域，即只要我们是人类就和我们在一起，在人们生命中的每一天的大多数时间里包围更多的人，并且对我们所做、所感以及所想的每件事拥有如此干净且意义深远的影响。但只有知识是不够的，我们还必须行动起来。

理由很清楚，如果能从那些收集与储存数据的人手上抢夺，那么会有大量困难的数据——缺乏大量金钱和精力。但与此相反的是很多草根组织，尤其是与“造物运动”有关的那些正努力帮助人们修建用来收集和分析信息的、他们自己的工具的，这可帮助充实我们对建筑空间的心理地理学的理解。尽管这样的数据可能是混乱的，并且缺乏临床档案的质量(这点可以通过使用我这本书中描述的这类正式实验获得)，但它会构成有用的起点，以此来分析存在的模式、争论以及和指示什么能够建立及它能去哪儿的支配的躯体的对话。这样的众包的草根的努力拥有巨大的优势，即它们能帮助市民在最终通向建筑设计的进程中变得积极。

这并不意味着使普通居民在通往建筑设计的过程中变得积极是一件容易的事——任何一个参观过城市委员会，并发表有关提议的发展的观点的人就会知道，建议利益相关者准备聆听公众也是一个盲目乐观的人的态度。当缺乏金钱时，这一运动会变得很艰难。我也不是在暗示随着众包数据的收集，人们能将设计完全掌握在自己手中。尽管我们可以为有关建筑世界的设计的公众对话贡献很多,但我们很少有人能获得自我设计一栋建筑时所需的专业知识。我们必须与拥有这样的专业知识的人合作,获得这样一种合作关系的最好方法是找到一种共同语言。对于决策者、规划者、设计师以及建筑师而言,最好的同盟是一个博识的群众。他不仅了解如何倾听他们的感受,以及根据知道的建筑如何影响我们来诠释他们所知道的,而且还通过在他们探索建筑世界时,谨慎监测到他们自身的感受来对那个知识作出贡献。在我主持的全世界心理地理学的研讨会上,我所学习的最令人振奋的事情之一是使用正确的工具,这是一项技能,它发展迅速并用一个更加敏锐、更具细微差别的有关世界格局如何影响他们的理解来奖励参与者。

脚踏实地、胡思乱想

除了描述城市环境如何影响我们的心理状态——你可以使用这一信息来组织你自己的心理地理学的生活,以及为正在进行的有关如何修建最好的城市、社区和场所的争论作出贡献,这本书的其他主要信息和我们对空间、场所和自身的了解而新产生的技术含义有关。即将到来的文化的影响范围既大又深,并且它们已经在进行当中。许多词语被用来描述了这个联合的世界在我们的注意力和记忆力方面的影响,以及即时的与其他事物的联合改变社会关系和政治的本质的方式,但在这儿我要讨论一些不同的东西。

在某些方面,这个故事年代已经很久了,就跟最早尝试将人类天性和巨石阵或哥贝克力石阵中的大量的石头排列联系起来一样久。但我们现在使用的方法仍然服务于同样的结果,崭新且令人惊奇。曾经可能花费了多年时间去移动地表和石头的方法,现在可以由电子开关的快速翻转和光线的弯曲所取代。但是从古代延伸到现在的一段延续的时间的最后,有一个共同的因素。当我们获得了自我意识,由此将世界永远地分成一个有关感觉、思维和情感的内部检阅,和一个外部的有关物理现象和事物的世界,我们获得了巨大的精神财富,却失去了一种和不知道自己会死的动物一样的无声的、无意识的幸福。正是这个在我们的思想中不是最重要却永远不会离我们的日常生活太远的、有关自我限制的痛苦的意识，给予了建筑潜能。我们使用它来说服自己，尽管我们可能蔑视我们的躯体，但我们的一部分会住在我们修建的建筑里。我们用它来作为挤在一起以寻求保护来躲避更大力量的方式，正如我们藏在父母的腿下以躲避我们害怕的东西一样。我们用它来帮助自己向上望向天堂，试图打破身躯的界限，以获得一种与宇宙的神秘的联合，并且体验到在时空的普遍装饰的解体中感受到的敬畏感。

现在，我们站在一个时代的门槛上，此时我们可使自己陷入监视并保护我们的传感器和促动器的保护性的网络中。这样的智能设计的部分要求据说是要面临在拥挤的城市中的现代生活的巨大的复杂性，但是另一部分必须是要掩盖在一个闪亮的技术界面下保证生活平稳运行时的伤脑筋的细节，这一技术界面学习我们的行为，知道我们需要什么，并且像无微不至的父母一样照顾我们。

现在，我们站在一个时代的门槛上，此时我们任何人都能在技术上掩盖自己的躯体——头戴式显示器、数据手套、增强现实眼镜——那会允许我们将珍贵的自我意识投向任何地方，体现新的形状和大小，并且体验任何带有高分辨率的设置，环绕立体声的设置如此令人信服，以至于我们会轻易地得到一个模仿的经验的圣杯——真实存在。只有最悲观的悲观主义者才看不到任何好处。我们可以享受丰富的教育、娱乐和自我理解的经验。但同时，因为难以对珍贵的、独一无二的、短暂的、可靠的生活经历和令人信服的简易复制的副本之间进行区别，我们也冒着降低真实性的风险。我们很容易想到这会给我们带来形而上学的坏处。我们很容易相信这一技术的易得性会彻底改变我们对于什么是真什么是假的日常理解。通过摆脱在我们的躯体的物理空间里的简单具体化的束缚，随着上千年的人类进化，我们开始进入一个城市化的新阶段。事实上，我们中那些花费了许多生命暂停在某处(位于我们直接的物理环境和到达我们手中的手机里的信息、声音和图像的作用之间)的人们，已经处于半途中，虽然我们也许还没有意识到这一点。

上千年前，所有这一切开始于一面墙的修建。那面墙位于那儿可能是为了将内外一些东西隔开，但它也对改变世界的几何学产生了影响，它是通过有意改变从任一边能看见和体验到的东西实现的。尽管我们的方法很先进，已经超越了那些将一块石头举到另一块上以修建古老寺庙的大汗淋漓的工人的想象，但潜在的意图大多是一样的。

一段时间以来，我都梦见我带着我的小儿子去参观巨石阵。他现在的年纪与我当年和我父亲去参观这地方时差不多大。我知道现在事情很不一样了——游客们坐在专用大巴上驶向此地，被走道和栅栏所限制，并且他们的参观是严格定时的。一条高速公路紧挨着这个地方。但尽管他不能拥有我所体验到的，在一大早和我一起站在荒凉的索尔兹伯里平原的寒冷的微风中，我也想让他和我一样接近这些古老的石头，去了解我是否能和他分享我所体验到的一切。还有个制作完美的巨石阵的模型，它是由数字媒介艺术机构所设计的，位于印第安纳州的曼西的鲍尔州立大学。①我在推迟与他分享我梦中的奇遇的观点，因为我知道在我向他提及它的几分钟内，他就会找到这个网址，下载这个模型，并且身处虚拟的巨石阵中。它可能只是一个空想，但我仍然希望我能帮他感受到身处那儿的力量。

注 释

导言

① 要找到有关哥贝克力石阵的更多信息是很容易的。一个好的起点就是巴特曼(Elif Batuman)发表于《纽约人》杂志上的文章《庇护所》，这可以在 2011 年 12 月 19 日出版的《纽约人》期刊上找到，或在 http://www.newyorker.com/magazine/2011/12/19/the-sanctuary 上找到。

② 我将在最后一章《敬畏的空间》里更详细地描述这些发现，但如果你现在感到好奇，你可以在心理科学的第 23 册第 10 期，1130—1136 页中查找由斯坦福心理学家梅拉妮・拉德所写的论文。

③ 除了他的科学出版物，安东尼奥・达玛西奥在一套面向普通读者的书中非常清晰地描述了他的理论和发现。我提到的对于这个发现最好的阐述可以在《笛卡尔的错误：情感、原因和人类大脑》中找到，这本书于 1994 年由纽约普特南出版社出版。

④ 里佐拉蒂最初有关镜像神经元的发现，连同很多他随后的工作，都在一篇名叫《镜像神经元系统》的技术评论论文中进行了描述。这篇论文在《神经科学年度评论》的第 27 期，169—192 页。和科拉达・西尼加利亚一起，他还针对普通读者在《大脑中的镜像：我们的大脑如何分享行动和情感》中写了一篇报告，此书由牛津大学出版社在 2008 年出版。

⑤ 橡胶手错觉最先出现在由布维里奇和科恩发表在《自然》(1998 年，391 期，756 页)上的一篇文章中，在旨在探究具象化的问题和实验

中被引用了很多次。

⑥ 斯德哥尔摩的卡罗林斯卡学院的亨里克·埃尔逊最先在《科学》(2007年,317期,1048页)的一篇论文中报告了通过实验催生的体外实验。这一现象在很多实验室都被重复了若干次,包括我自己,我们使用这一展示来使学生对有关具体化的问题产生兴趣。

⑦ 一个对使用指针的空间重测图的技术报告由芝加哥大学的隆哥和洛伦兹发表于《神经心理学期刊》(2006年,44期,977—981页)。

⑧ 埃米·卡迪的吸引人的且流行的 TED 演讲可以在 http://www.ted.com/talks/amy_cuddy_your_body_language_shapes_who_you_are? language=en 上找到。一篇描述她在演讲中提到的一些发现的技术性论文可在《心理科学》(2010年,21期,1363—1368页)中找到。

⑨ 博斯和卡迪描述了许多规模的电子设备的使用对动力姿势的影响,以及通过它对行为的影响,这发表于哈佛商学院工作底稿中(2013年,13—097期)。这篇论文可以在 http://www.hbs.edu/faculty/Pages/item.aspx? num=44857 上找到。

⑩ 多伦多大学的研究者陈伯仲和杰弗里·伦纳德利在《心理科学》(2008年,19期,838—842页)上报告了有关手持热饮对亲社会行为影响的结果。

⑪ 滑铁卢大学的乔安妮·伍德和她的学生在《心理科学》(2013年,24期,112—114页)的一篇文章中报告了不稳定的座位对关系偏好的影响。

⑫ 约翰·洛克的著作《偷听:一段亲密历史》(出版于2010年,牛津大学出版社)描述了一堵墙的历史和它的心理影响。

⑬ "物联网"是用来描述电子设备的相互联系的网络的术语,而电子设备使得人类对建筑环境的使用变得优化且简化了。

⑭ 美国麻省理工学院媒体实验室的约瑟夫·帕拉迪索在一次与萨拉·韦斯勒的采访中作出了有关反应性环境的未来的令人兴奋的陈述,这发表在博客 ArchDaily 上(http://www.archdaily.com/495549/

when-buildings-react-an-interview-with-mit-media-lab-s-joseph-paradiso/)。

第一章

① 罗杰·乌尔里希有关天性观点对外科康复的影响的突破性研究最初被发表于《科学》(1984 年,224 期,420—421 页)上。

② 你可以在一篇由布朗大学的生物学家杰弗里·帕里什发表于《生态学》(1995 年,76 期,1813—1820 页)上的一篇文章中找到比你想知道的还要多的有关鸣鸟的生存环境选择的信息。

③《都市词典》是一部用来查找现在的俚语和委婉语的古怪的来自大众的词典。

④ 你也许能在《生态学》(1969 年,50 期,616—623 页)上找到由澳大利亚悉尼的生物学家彼得·塞尔发表的论文,它对实验室环境中的强大的肝鱼的生存环境选择作了阐述。

⑤ 基斯特、戈尔曼和阿罗约在刊登于《生态学》(1975 年,56 期,220—225 页)上的一篇文章中对利扎斯的吸引人的钢管舞研究进行了阐述。

⑥ 杰伊·阿普顿的书《景观的经验》(1975 年,伦敦:数据库)以它的深度和理论力量影响了一代景观建筑师。

⑦ 在对弗兰克·劳埃德·赖特的建筑中的景观和避难处的使用上,格兰特·希尔德布兰德是一位杰出的权威者。他的书《赖特的空间:弗兰克·劳埃德·赖特的房子的模式和意义》(西雅图华盛顿大学出版社于 1991 年出版)引人入胜且通俗易懂。

⑧ 简·威纳和杰拉尔德·弗朗兹在一篇文章中描述了在虚拟现实中的一般的艺术画廊空间中的实验,实验表明景象和避难所对于预测偏好的力量。这篇文章发表于由 C.弗雷克萨、M.克瑙夫、B.克里格-布鲁克纳·伯恩哈德·内贝儿、T.巴扣斯基所编辑的《空间认知四》(2005 年,柏林;斯普林格出版社,42—57 页)的会议文集中。

⑨ 第一个对人类偏好类似萨凡纳环境的观点进行的详述可以在一篇有趣的论文中找到,这篇论文可在朱迪思·希尔瓦根和戈登·奥里

恩斯1993年的文章《人类、住所、美学》中找到。在S.R.凯勒和E.O.威尔逊合著的《生命假说》(华盛顿特区)中的第138—172页中也可找到类似的论述。

⑩ 约翰·福尔克和约翰·巴林在《环境与行为》(2010年,42期,479—493页)的一篇文章中对类似萨凡纳的环境的跨文化偏好进行了阐述。

⑪ 丽塔·伯托和同事在《环境心理学期刊》(2008年,28期,185—191页)的一篇技术性文章中,对被试观看自然景观时的眼动模式研究进行了阐述。

⑫ 所有环境心理学家都需要阅读雷切尔和斯蒂芬·卡普兰的这本著作——《大自然的体验:从心理学的角度来看》。

⑬ 弗朗辛·郭和威廉·沙利文在《环境与行为》(2001年,33期,343—367页)的一篇文章中阐述了城市犯罪和城市植被之间的关系。

⑭ 一个对波洛克绘画中的不规则碎片进行描述的引人入胜的但有点技术性的报告,可见于由理查德·泰勒和他的同事发表于《人类神经科学前沿》(2011年,第5期,第60章,1—13页)的一篇文章中。

⑮ 卡罗琳·黑格霍尔、特里·珀塞尔和理查德·泰勒在《环境心理学》(2004年,24期,247—255页)的一篇文章中对人类在景观偏好这一分形的热点上的证据进行了阐述。

⑯ Valtchanov的主要发现还没有在同行评审文献中出版,但是可以在 https://uwspace.uwaterloo.ca/bitstream/handle/10012/7938/Valtchanov_Deltcho.pdf? sequence=1 上找到他的理论的一个简短的摘要。

⑰ 麻省理工的马里·波特将理解快速场景知觉的心理机制作为毕生研究。这一领域的第一批论文中的一篇就是由波特和他的同事埃伦·利维发表在《实验心理学》(1969年,81期,10—15页)上的。

⑱ 欧文·比德曼和爱德华·维索在《美国科学家》(2006年,94期,249—255页)上发表了一篇面向大众,主要描述他们在PPA上的研究和美学偏好的杰出文章。

⑲ 我和学生德尔乔对虚拟环境中的恢复性影响的一些研究发表于

《网络心理、行为和社会网络》(2010 年,13 期,503—512 页)上。

⑳ 亨特·霍夫曼和同事在《心理网络与行为》(2004 年,4 期,527—535 页)上的一篇文章中阐述了对牙疼进行控制的虚拟现实的使用。

㉑ 彼得·卡恩就技术的产生和我们与自然的关联间的关系问题写了几本好书。其中最好的一本是《技术的自然:适应人类的未来生活》(2011 年,剑桥:麻省理工出版社)。

㉒ 伊丽莎白·托马斯关于布什人生活的报告可以在《无害的人》(1959 年,纽约:诺夫出版社)中找到。

㉓ 刘易斯·芒福德《一个城市的历史》(1961 年,纽约:哈考特出版社)。

㉔ 乔纳森·克拉里《认知暂停:注意、景象和现代文化》(2001 年,剑桥:麻省理工出版社)。

㉕ 加拿大的媒体理论家麦克卢汉革新了我们对媒体对通讯的影响的理解,他最有名的作品是《了解媒体:人的延伸》(麦格劳·希尔公司:多伦多,1964)。

第二章

① 菲利普·比斯利与弗兰·谢克特为《现在》杂志进行的采访(2010 年, https://nowtoronto.com/art-and-books/features/art-as-organism/)。

② 菲利普·比斯利的简历可在 http://philipbeesleyarchitect.com/about/14K24_PB_CV.pdf 找到。

③ 有关快速场景识别的早期最有影响力的报告之一可以在马里·波特的具有里程碑意义的论文中找到,文章由波特发表在《实验心理学》(1969 年,81 期,10—15 页)上。

④ 弗里茨·海德和玛丽安娜·西门的经典研究于 1944 年发表在《美国心理学杂志》(57 期,243—259 页)上。我所描述的录像在网上很容易找到,例如 https://www.youtube.com/watch? v=76p64j3H1Ng

⑤ 艾伯特·米休特的因果性研究可在他的著作《因果性的觉察》(梅休因,安杜佛,马萨诸塞州,1962)中找到。

⑥ 我在 2012 年由著名的心理学家戴维·托林举办的一个研讨会上听说了囤积者和潮湿的容器的故事。托林和兰迪·弗罗斯特,以及盖尔·斯特克蒂合著的书《沉迷于宝藏中》(牛津大学出版社,伦敦,2007)给囤积障碍提供了一个有趣的观点。

⑦ 埃德加·艾伦·波的短篇故事《厄舍古屋的倒塌》不受版权限制,很容易在网上找到。很多好的平装书复印也有。

⑧ 许多关于马里建筑的漂亮照片,包括一些传统的有组织的家庭场所,可以在 Atlas Obscura 网站找到:http://www.atlasobscura.com/articles/mud-masons-of-mali

⑨ 韦托尔德·罗伯津斯基的《家:一个观点的简短历史》(维京,纽约,1986)中充满了对家庭空间建筑的有益的观点。

⑩ 彼得·沃德的《室内空间史》(UBC 出版社,温哥华,1999)的焦点放在加拿大的历史上,但他的许多观点至少能推广到北美的背景下。

⑪ 赫尔曼·穆特修斯的著作《英国的房子》1902 年在德国出版,最后在 2006 年被伦敦的弗朗西丝·林肯以一个精美的套装版翻译成了英文。

⑫ 萨拉·苏珊卡的《没那么大》系列书籍影响了很多人去考虑一个家庭的功能而不是它的基本规模。这一系列的最初的也是和这本书的讨论最相关的是《没那么大的房子:我们的真正的居住方式的蓝图》(汤顿出版社,牛顿康恩,2009)。

⑬ 引自加斯顿·巴舍拉尔的著作《空间的诗学》(灯塔出版社,波士顿,1994)的英译版的第 15 页。

⑭ 西塞罗在《论演说家》中阐述了他所谓的地点方法,可在《西塞罗修辞学》(《论演说家》第 1 册)中找到,这本书由 A.S.威尔金斯所编(克拉伦敦出版社,牛津大学,英国,1964)。

⑮ 加布里埃尔·拉德凡斯基关于记忆和途径的实验被他和同事克拉维茨以及坦普林发表在《实验心理学季刊》(2011 年,64 期,1632—1645 页)上。

⑯ 弗朗索瓦丝·明科维斯卡在《医学心理学》(1952 年,110 期,711—714 页)上的一篇论文中阐述了她对家庭里的孩子的绘画方面的

研究。

⑰ 卡尔·荣格对于塔的描述可以在他的自传《回忆、梦、思考》中找到，这本书在1989年由伦敦的Vintage出版社以英文出版。

⑱ 引自荣格的《回忆、梦、思考》，212页。

⑲ 皮尤研究中心在美国人的流动性上的完整报告可在http://www. pewsocialtrends. org/files/2011/04/American-Mobility-Report-updated-12-29-08.pdf上找到。

⑳ 奥斯卡·纽曼的著作《防卫空间》1972年出版于伦敦的麦克米伦。这本书中的许多重要观点可以在其专著《创造防御性空间》中找到，网址是http://www.huduser.org/publications/pdf/def.pdf

㉑ 艾莎·达斯古普塔对于宝马—古根海姆实验室的研究被尼哈·蒂拉尼在2013年1月2日发表在《纽约时代》的一篇文章中，网址是http://india. blogs. nytimes. com/2013/01/02/in-mumbai-privacy-is-hard-to-come-by/? _r=0

㉒ 尼古拉斯·内格罗蓬特对于反应性建筑的想象首先出现在他的书《建筑机器：面向一个更人性化的环境》（麻省理工学院出版社，剑桥，1973）中。

㉓ 丹尼尔·沃格尔博士的简介，包括这儿的引用，可以在https://uwaterloo.ca/stories/bringing-science-fiction-home上找到。

㉔ 沃尔特·本杰明的论文最先于1936年在法国出版，刊物是《社会研究期刊》，第40—68页。英文版本可在http://www. marxists. org/reference/subject/philosophy/works/ge/benjamin.htm上找到。

㉕ 亚当·沙尔在《海德格的小屋》（麻省理工学院出版社，剑桥，2006）中就对海德格的研究产生的影响作了一个夺人眼球的报告。来自他儿子赫尔曼的引用起于BBC电视的一档纪录片《人类，归根到底还是人》，这最先出现于1999年。

第三章

① 杰克·卡茨《犯罪的诱惑：作恶中的道德和感官吸引力》（基础读物，纽约，1990）。

② Chromo11 在网站 http://www.chromo11.com/上可以找到。

③ 布伦丹 · 沃克的《疯狂的分类学》出版于 Aerial 出版社,伦敦,2005。

④ 雷姆 · 库哈斯的著作《发狂的纽约:曼哈顿的反动宣言》出版于 Monacelli 出版社,纽约,1994。

⑤ 一个关于首尔生活园区的简短报告可在电子杂志《The Verge》(2012 年 1 月 26 日)上找到,网址是 http://www.theverge.com/2012/1/26/2736462/south-korea-live-park-kinect-rfid-interactive-attractions

⑥ 我们可以在詹姆斯 · 霍华德 · 孔斯特勒的著作《无处安放的地理:美国人造景观的繁荣与衰落》(自由出版社,纽约,1994)中找到著名的对迪斯尼王国的谴责。

⑦ 我们可以在由汤姆 · 伦纳德于 2010 年 12 月 9 日发表在《每日邮报》上的文章中,找到有关庆祝的黑暗面的新闻报道。网址是:http://www. daily-mail. co. uk/news/article – 1337026/Celebration-murder-suicide-wife-swapping-Disneys-dark-dream-town.html

⑧ 全国艺术基金会在 2012 年对意识的公众参与的调查可以在 http://arts.gov/publica-tions/highlights-from – 2012 – sppa 上找到。

⑨ 马丁 · 特朗德尔情感项目网站包括大量关于这一项目的信息,网址是 http://www. mapping-museum-experience. com/en. 他与史蒂文 · 格林伍德、沃尔克 · 基尔希贝格和沃尔夫冈 · 查奇一起将一些早期成果发表于《环境与行为》(2014 年,46 期,102—135 页)。

⑩ 迈克 · 狄克逊和凯文 · 哈里根、桑德胡、卡伦 · 柯林斯、乔纳森 · 福格尔桑共同将我所阐述的一些发现发表于《成瘾》(105 期,18—24 页)上。

⑪ 娜塔莎 · 舒尔的令人大开眼界的书描述了赌场中的老虎机角色的急剧转变。《让你上瘾:拉斯维加斯的赌博机》,普林斯顿大学出版社,普林斯顿,新泽西,2014。

⑫ 坦普尔 · 格兰汀在一系列技术性文章和一些面向大众的书中,为我们理解孤独症和动物行为作了很大贡献。首先,描述她的非凡的早年生活和一些她对动物的见解的书是《出现:贴上标签的孤独症患

者》(大中央出版社,1996)。

⑬ 比尔·弗里德曼的赌场设计的圣经是《赌场设计帮你主宰竞争:赌场设计的弗里德曼国际性标准》(赌博和博彩研究所,拉斯维加斯,2000)。

⑭ 卡伦·芬利在奎尔夫大学的研究组发现了赌场设计对赌博的冲动性的影响以及性别角色,并发表于《环境与行为》(2009 年,42 期,542—545 页)上。

⑮ M.杰弗里·哈德威克在他的书《商城制造者:Victor Gruen 一个美国梦建筑》(宾夕法尼亚大学出版社,费城,2003)中对 Victor Gruen 的迷人的生活进行了探究。马尔科姆·格拉德韦尔在一篇文章中阐述了 Gruen 对美国建筑的影响,文章于 2003 年 3 月 15 日发表于《纽约人》上,网址是 http://www.newyorker.com/magazine/2004/03/15/the-terrazzo-jungle

⑯ 戴维·西尔维拉、安妮·拉凡克和弗雷德里克·克罗普在一篇论文中阐述了冲动消费中影响的角色,它刊于《消费市场期刊》(2008,25 期,23—33 页)。

⑰ 马塞尔·范盖伦、赖因奥特·范科廷、安东·斯库弗米尔和劳克·范德休伦 2006 年在《生物精神病学》(60 期,66—73 页)的一篇文章中阐述了老鼠的冲动性的神经化学。

⑱ 大量有关保罗·埃克曼和他现在从事的面部表情分析工作的信息——他开发了一个丰富的生活工作的途径,在他的网站 http://www.paulekman.com/上有所描述。使用面部表情为购物结账的俄罗斯的 Synqera 的产品在公司网络 http://synqera.com/上有描述。亚当·波佩斯库 2013 年 10 月 2 日在 Mashable 网站上写了一篇有关这一产品的简要文章,网站地址:http://mashable.com/2013/10/02/synqera/

第四章

① 我在宝马—古根海姆实验室的项目的一些细节可在 http://www.bmwguggenheimlab.org/testing-testing-mumbai 上找到。

② 简·吉尔和同事洛特·凯夫以及瑞哥斯塔德在《国际城市设计》(2006,11 期,29—47 页)的一篇文章中阐述了一些他们对建筑立面的影响的观测性研究。

③ 引自威廉·詹姆斯的《心理学原理》第 1 期(亨利·霍尔特,纽约,1890)的第 626 页。

④ 丹尼尔·伯尔尼在他的著作《冲突、唤起和好奇》(麦格劳-希尔,纽约,1960)中阐述了他对于好奇和注意的"渴望获得信息"理论。

⑤ 一个易懂但有点技术性的关于无聊的报告可以在约翰·伊斯特伍德和他的同事亚历山德拉·弗里斯威、马克·芬斯克和丹尼尔·斯迈尔克 2012 年刊登在《心理科学视角》(7 期,482—495 页)上的文章中找到。

⑥ 科琳·梅里菲尔德和詹姆斯·丹克特在 2014 年的一篇题为《实验的脑研究》的技术性文章中阐述了他们有关无赖的心理生理学的研究。

⑦ 安妮·布里顿和马丁·希普利在 2010 年的《国际流行病学杂志》(39 期,370—371 页)上的一篇文章中阐述了无聊对死亡的影响。

⑧ 伟大的加拿大心理学家唐纳德·赫布早在几十年前就在研究经验对脑组织的影响。他的第一个对大量老鼠进行研究的发现所进行的描述可在 1947 年的《美国心理学家》(2 期,306—307 页)中找到。他的经典之作《行为的组织:一个神经心理学的理论》(Wilcy and Sons,纽约)尽管最先出版于 1949 年,但现在仍然值得神经科学的学生阅读——对这样一个瞬息万变的学科来说,这是一本经典之作。马克·罗森茨威在一本与迈克尔·伦纳合著的书《丰富和贫瘠的环境:对脑和行为的影响》(斯普林格,纽约,1987)中阐述了经验对脑化学的影响。

⑨ 斯图尔特·格拉西安为 2006 年的《华盛顿大学法律与政策杂志》(22 期)写了一篇有关单独监禁对精神病的影响的长篇报告,可在 http://openscholarship. wustl. edu/law _ journal _ law _ policy/vol22/iss1/24.上找到。

⑩ 马利根和同事在期刊《儿童:关系、健康和发展》(2013,39 期,202—212 页)的一篇文章中阐述了家庭环境对 ADHD 发展的影响。

⑪ 罗伯特·文图里和同事丹尼丝·布朗以及史蒂文·艾泽努尔在他们饱受争议的书《学习拉斯维加斯》(麻省理工出版社,剑桥,1972)中阐述了拉斯维加斯的城市中的无计划扩张的画像研究。

⑫ 萨拉·戈尔德哈根在2003年1月10日的以《历史回顾》为话题的一篇文章中对建筑教育的多个失败表示了惋惜,在她的网站(还有很多其他有趣的文章)http://www. sarahwilliamsgoldhagen. com/articles/multiple_failures_of_architecture_education.pdf 上可以找到。

⑬ 珍妮特·萨迪克-卡恩,是纽约市运输部门的负责人。他对城市的行人生活作了很大改善。路边标志是LOOK运动的一部分,对此在http://www. nyc. gov/html/dot/html/pr2012/pr12 _ 46. shtml 上有描述。

⑭ 雷姆·库哈斯和布鲁斯·梅在他们1997年出版的书《小、中、大、加大》(莫纳西莉亚出版,纽约)中描述了一般城市。

⑮ 引自雷姆·库哈斯在Der Spiegel的一次采访,以英文在网上http://www. spiegel. de/international/zeitgeist/interview-with-star-architect-rem-koolhaas-we-re-building-assembly-line-cities-and-buildings-a - 803798.html 发表于2011年12月16日。这一采访最先在德国的Der Spiegel的第50话题中发表(2011年,12月12日)。

第五章

① 有关“椰林火灾”的一个很有趣且可读的报告可以在约翰·埃斯波西托的书《椰林大火:椰林悲剧和它的余波》(Da Capo出版,波士顿,2005)中找到。

② 一个优秀的、有关城市社会因素和精神病发生率之间关系的评论,可以在由朱迪思·阿勒代斯和简·博伊德尔于2006年发表在《精神分裂症患者》(32期,592—598页)上的一篇技术性论文中找到。

③ 几个研究揭示了城市中绿地的可得性和精神病、抑郁、焦虑的发生率之间的关系。卡伦·麦肯齐、埃贾·默里、汤姆·布思在发表于2013年的《情感障碍杂志》(150期,1019—1024页)上的一篇文章中对一些相关发现作了回顾。

④ 弗洛里安·莱德伯根和许多合作者包括安德烈亚斯·迈耶-林登堡于 2011 年在《自然》(474 期,498—501 页)上发表了一篇突破性的文章,是有关城市压力对扁桃体激活的影响的。有关他们的发现的易懂的摘要,连同相关材料可以在由艾伯特(Allison Abbott)发表于《自然》(2012,490 期,162—164 页)上的一篇报道性文章中找到。

⑤ 在之前的诠释中有所引用的艾利森·阿博特的发表于《自然》的文章,也提供了一个有关 Jim Van OS 在精神病理学和地理追踪方面的工作的简短摘要。

⑥ 我和埃德·帕森斯的讨论出现于路虎的杂志《一个生命》中,并在 2014 年的 28 期中出版,可在 http://www.landroverofficialmagazine.com/#! parsons-ellard 中找到。

⑦ 法比恩·斯特赖特和一大群合作者写了一篇阐述 S 神经肽和都市压力之间关系的技术性文章,并发表于《压力》(2014,17 期,352—361 页)上。

⑧ 瓦塔尼安在 2011 年的《美国国家科学院院刊》(110 期,副刊 2,10446—10453 页)上的一篇文章中阐述了我们对弧线的偏爱以及它对于建筑的含义,这可以在 http://www.pnas.org/content/110/Supplement_2/10446.abstract 上看到。

⑨ 厄休拉·赫斯、奥纳·格里茨和哈雷利所做的描述几何形状对社会判断的影响的实验,于 2013 年出现在《社会认知》(31 期,72—80 页)的一篇文章中。

⑩ 在 2011 年由查德·弗里德里克斯编制并执导的电影《普鲁伊特艾戈计划的迷思》为更多基于歧视和经济,而非建筑的发展的失败提供了一个有趣的解释。

⑪ 掉落的字母法是由斯坦利·米尔格拉姆(声名狼藉的米尔格拉姆实验)发明的,并在 1965 年首次报告在《舆论季刊》(29 期,437—438 页)上。

⑫ 詹姆斯·威尔逊和乔治·科林在 1982 年 3 月将描写破窗理论的文章刊登在《大西洋月刊》上。在某种程度上,他们的理论是以菲利普·津巴多刊登在《内布拉斯加州动机研讨会》(1969,17 期,237—307

页)上的文章中的早期研究为基础的。

⑬ 欧洲委员会对欧盟民调处关于犯罪恐惧的分析作了一份报告，可以在 http://ec.europa.eu/public_opinion/archives/ebs/ebs_181_sum_en.pdf 上找到。

⑭ 来自 2010 年的评价美国犯罪恐惧的盖洛普测验结果的摘要可在 http://www.gallup.com/poll/144272/nearly-americans-fear-walking-alone-night.aspx 上找到。

⑮ 这段引自罗伯特·奥恩斯坦 1992 年的书《意识的进化：我们思考方式的起源》(Simon and Schuster，纽约，262 页)。

⑯ 官方的维也纳政府有关社会性别主流化的阐述可在 https://www.wien.gv.at/english/administration/gendermainstreaming/找到。克莱尔·福伦关于维也纳政策的一个优秀的讨论可以在《大西洋城实验室》找到，博客是 http://www.citylab.com/commute/2013/09/how-design-city-women/6739/

⑰ 根据美国劳动统计局 2014 年实施的一个广泛的调查报告可知，美国的未婚成年人的比例超过 50%。马丁繁荣研究所在由理查德·弗洛里达 2014 年 9 月 15 日刊登在《城市实验室》网上杂志 http://www.citylab.com/housing/2014/09/singles-now-make-up-more-than-half-the-us-adult-population-heres-where-they-all-live/380137/上的文章中发表了关于这一趋势的宗教分析。

⑱ 来自英国国家统计办公室的数据可在 http://www.ons.gov.uk/ons/rel/census/2011 - census-analysis/households-and-household-composition-in-england-and-wales - 2001 - 2011/households-and-household-composition-in-england-and-wales - 2001 - 11.html 找到。

⑲ 关于美国讨论网的改变的数据被报告于 2006 年的一篇文章中。文章由米勒·麦克弗森、林恩·史密斯-洛文和马修·布拉希尔斯共同刊登在《美国社会学评论》(71 期，353—375 页)上。

⑳ 温哥华关于孤独和参与的发现被温哥华基金会在 2012 年的名为《联系和参与》的研究中所报告了，并在网上发表于 https://www.vancouverfoundation.ca/initiatives/connections-and-engagement

㉑ 由迈克尔·弗勒德为澳大利亚研究所所写的讨论文件发表在网上,网址是 http://www.tai.org.au/documents/dp_fulltext/DP76.pdf 其中包含大量有关澳大利亚的社交网络的信息。戴维·贝克在 2012 年发表的一个随后的报告(也是为澳大利亚研究所所写)将焦点放在孤独上,发表在 http://www.tai.org.au/node/1866

㉒ 约翰·卡乔波和威廉·帕特里克合著的书是《孤独:人类天性和社会联系的需要》(诺顿:纽约,2009)。

㉓ 基恩·汉普顿的关于电子的社交网络和友谊之间关系的、有细微差别的报告可以在他的许多研究文章中找到。一个好的起点是他在 2011 年发表于《信息、交流和社会》(114 期,130—155 页)上的文章。

㉔ 凯文·比卡特和同事在 2011 年的《自然神经科学》(14 期,163—164 页)上的一篇文章中阐述了扁桃体体积和社交网络规模之间的关系。

㉕ 基恩·汉普顿和同事在 2010 年的《新媒体和社会》(13 期,1031——1049 页)上的一篇文章中阐述了社交网络对友谊形成的影响。

㉖ 约翰·洛克的书《偷听:一段亲密历史》由牛津大学出版社出版(纽约,2010)。

㉗ 查尔斯·蒙哥马利的书《快乐的城市:通过城市规划转变我们的生活》包含了大量有关城市规划的心理学信息(Farar,Strous &Giroux,纽约,2013)。

㉘ 人类学家罗宾·邓巴首先在一篇有关人类新皮层进化的文章中提出了社会群体规模的上限,文章发表于《人类进化期刊》(1992,22 期,469—493 页)。自从第一次出版后,邓巴数字就开始普及并应用于很多不同情况下。

㉙ 一个关于随着 Facebook 对新闻供应设置的修补而来的强烈抗议侵犯隐私的原因的学术研究,可以在 2010 年的一篇文章中找到。这篇文章由克里斯托弗·霍德利和同事发表在《电子商务研究和应用》(9 期,50—60 页)上。

第六章

① 威廉·安德斯关于 Earthrise 的评论的音频记录可在网上 http://www-tc.pbs.org/wgbh/amex/moon/media/sf_audio_pop_01b.mp3 以一个 mp3 的形式找到。

② 引自阿奇博尔德·麦克利什 1968 年 12 月 25 日发表于《纽约时代》上的一篇文章。

③ 这部短电影《回顾》由史蒂夫·肯尼迪和行星集团在 2012 年所制。可在 http://www.overviewthemovie.com/找到,很值得一看。

④ 达尔·凯尔特纳和乔纳森·海特在他们 2003 年发表于《认知的情绪》(17 期,297—314 页)上的一篇文章中提供了对敬畏感的一个科学分析。

⑤ 康拉德·洛伦茨的具有里程碑意义的书《攻击性》1963 年在德国出版,并于 1966 年翻译成英文(Harcourt, Brace and World,圣迭戈)。

⑥ 哈佛的苏珊·凯里团队于 2011 年在《科学》(331 期,477—480 页)上的一篇文章中发表了有关支配关系中的婴儿理解的研究。

⑦ 扬妮克·乔伊和简·范波滕 2013 年在《普通心理学评论》上发表了一篇文章,文章阐述了宗教的纪念碑建筑的进化的意义(17 期,53—68 页)。

⑧ 劳拉·凯利和约翰·恩德勒在 2012 年的《科学》(335 期,335—338 页)上发表了一篇阐述园丁鸟的透视错觉的文章。

⑨ 戈登·盖洛普在 1977 年发表于《美国心理学家》(32 期,329—338 页)上的一篇文章中阐述了他对灵长目动物的自我意识的重大研究。

⑩ 托马斯·赫胥黎在 1874 年的《自然》(16 期,555—580 页)的一篇文章中首次提出他关于副现象论的观点。约翰·格林伍德 2010 年在《行为科学的历史杂志》(46 期,276—299 页)上发表了有关这一观点的一个更新报告。

⑪ 尼古拉斯·汉弗莱的著作《灵魂之尘:意识的魔法》提供了很多

有关自我意识的生物功能的精神食粮(普林斯顿大学出版社,普林斯顿,新泽西,2011)。

⑫ 欧内斯特·贝克尔的书《拒绝死亡》很有学术性、易懂并且令人深感不安(自由出版社,纽约,1973)。

⑬ 恐惧管理理论最先出现于由J.格林伯格、T.匹茨辛斯基以及S.所罗门编辑成册的《公众自我和私人自我》〔R.F.Baumeister(ed.)〕中(Springer—Verlag,纽约,189—212页)。更多最新研究可以搜索这个团队的网站http://www.tmt.missouri.edu/

⑭ 揭示死亡提醒对于珍贵的象征的使用的影响的实验可以在格林伯格和同事1995年发表于《个性和社会心理学》(21期,1221—1228页)上的一篇文章中找到。

⑮ 一个描述死亡提醒对乔治·布什的名望的影响的文章可以在马克·兰多和同事于2004年发表在《个性和社会心理学》(30期,1136—1150页)上的文章中找到。

⑯ 梅拉妮·拉德的阐述敬畏感对时间知觉的影响的实验可以在她2012年和珍妮弗·阿克以及凯瑟琳·沃斯发表在《心理科学》(23期,1130—1136页)上的文章中找到。

⑰ 瓦德索洛和杰西·格雷厄姆在2014年的关于敬畏和对超自然力量的信仰之间的关系的论文可以在《心理科学》(25期,170—178页)上找到。

⑱ 一个好的有关身体意识障碍和自我控制感障碍的学术性介绍可在编成册的《自我控制感的神经心理学》〔Michela Balconi(ed.)〕中找到(Springer,纽约,2010)。

⑲ 有关橡胶手错觉的一个优秀的报告,可以在马塞洛·科斯坦蒂诺和帕特里克·哈格德在2007年发表于《意识和认识》(16期,229—240页)上的一篇文章中找到。

⑳ 亨里克·埃尔逊在2007年的《科学》(317期,1047—1048页)上的一则简短的笔记中最先阐述了使用虚拟现实的模仿的体外体验。关于埃尔逊的程序的一个详细的阐述由布兰克团队在《科学》的同一期(317期,1196—1099页)文章中给出。

㉑ 简·阿斯佩尔和奥拉夫·布兰克在2007年编辑了《体外及濒临死亡体验的心理科学视角》〔Craig Murray(Ed.)〕(Nova Science出版社,Hauppage,纽约,73—88页,2009)这本书提供了一个有关体外体验,包括神经科学发现的综合评论。

㉒ 弗雷德·普雷维克的著作《在人类进化和历史中的多巴胺能的智力》由剑桥大学出版社出版(英国剑桥,2009)。

㉓ 弗雷德·普雷维克在2006年的题为《意识和认识》(15期,500—539页)上的一篇文章中回顾了个体外的大脑系统在宗教活动中的角色。

第七章

① 罗伯特·麦克莱和同事于2014年在《网络心理、行为和社交网络》(17期,439—446页)上的一篇文章中阐述了在创伤后应激障碍中虚拟现实疗法的作用。

② 马修·基林斯沃思和丹尼尔·吉尔伯特实施的使用一个iphone应用的思维游离和2010年的幸福日记研究,可以在《科学》(330期,932页)中找到。

③ 我的书《你在这儿:如何在商场迷路但找到通往月球的路》2009年出版于纽约的Doubleday。

④ 尼克·伊、贝伦森和同事在《网络心理和行为》(2007,10期,115—121页)上发表了他们对第二人生中的非语言行为的分析。

⑤ 爱德华·霍尔在1969年的具有重大影响的书《隐藏的空间:人们对公共及私人场所的使用》由伦敦的The Bodley Head Ltd出版。

⑥ 梅尔·斯莱特和同事2014年对虚拟现实中旁观者反应的研究发表在《PLOS one》(8期,文章e52766)上。

⑦ 布拉斯科维奇在他与贝伦森合著的《无限的现实:化身、永恒的生命、新世界以及虚拟革命的衰落》(William Morrow,纽约)中阐述了这一研究和很多其他方面。

⑧ 我的学生凯文·巴顿2012年在《环境和行为》(46期,507—529页)上发表了一篇文章,主要阐述了他在虚拟环境中的寻路方面的

工作。

⑨ 有关帕尔默·勒基的故事的一个娱乐性且信息量很大的描述可以在《史密森尼杂志》的 2014 年 11 月的期刊上找到。也可以在 http://www. smithsonianmag. com/innovation/how-palmer-luckey-created-oculus-rift－180953049/? no-ist 上找到。

⑩ 很多关于电子游戏产业的启发性的信息可以在娱乐软件评级委员会的网站 http://www. esrb. org/about/video-game-industry-statistics.jsp 上找到。

⑪ 霍华德·莱因戈尔德在 1990 年的夏天在《Mondo 2000》上写了一篇有趣的、关于模拟性交的报告。这篇文章由一个开放的、不成规矩的五行短诗构成，可以在书《后现代主义的存在：美国文化和社会中的后现代主义的读物》〔Arthur Berger(Ed.)〕中找到(Rowman Altamira，纽约，1998)。

⑫ 叙利亚项目以及虚拟的阿勒颇体验在拟真的新闻网站 http://www.immersivejournalism.com/上有所描述。

⑬ 由罗森堡、鲍曼和贝伦森在 2013 年发表的描述虚拟的超级英雄效应的文章发表于《PLOS one》(8 期，1—9 页)上。

⑭ 乔治·斯特拉顿有关颠倒的护目镜实验的阐释可以在 1896 年的《心理学评论》(3 期，611—617 页)上找到。一个由查尔斯·哈里斯在 1965 年所写的评论阐述了斯特拉顿的研究以及很多其他的转化及颠倒的视觉的知觉后果。哈里斯的文章可以在《心理学评论》(72 期，419—444 页)上找到。

⑮ 威廉·沃伦对虚拟现实中的虫洞的研究以一个摘要的形式可以在 2009 年的网上的《视觉杂志》(9 期，文章 1143)的存档中找到，网址是 http://www. journalofvision. org/content/9/8/1143. meeting _ abstract

⑯ 这篇沃尔特·本杰明所写的文章最早发表于 1936 年，刊登在德国的《社会研究杂志》(5 期，40—68 页)上。英文版本在 http://www.marxists.org/reference/subject/philosophy/works/ge/benjamin.htm 可找到。

第八章

① 有关平静技术的最早的论文由马克·韦泽和约翰·西利·布朗1996年发表在《PowerGrid》(1期)上。一个修正的版本可在西利·布朗的网站 http://www.johnseelybrown.com/calmtech.pdf 上找到。

② 丹·希尔有关作为平台的街道的文章可以在他的博客“城市之声” http://www.cityofsound.com/blog/2008/02/the-street-as-p.html 中找到。

③ 如果你喜欢信息图,就看看谷歌的消费者晴雨表,网址是 https://www.consumerbarometer.com/en/ 很多更有趣的数据可以从尼尔森的一篇报告中找到,网址是 http://www.nielsen.com/content/dam/corporate/us/en/reports-downloads/2013%20Reports/Mobile-Consumer-Report-2013.pdf

④ 一个有趣的关于一部 iPnone 功能和宇宙飞船的计算功能之间的比较可在 http://www.phonearena.com/news/A-modern-smartphone-or-a-vintage-supercomputer-which-is-more-powerful_id57149 找到。

⑤ 一个有关大脑不同区域在路线追踪以及基于地图的寻路中所扮演的角色的技术性报告,可在由汤姆·哈特利、埃莉诺·马圭尔、雨果·施皮尔斯和尼尔·伯吉斯于2003年发表在《神经元》(37期,877—888页)上的文章中找到。

⑥ 约翰·奥基夫和林恩·纳德的著作《作为一张认知地图的海马体》最早由牛津的 Clarendon 出版社出版于1978年。这本书已经不再出版,但可以在网上 http://www.cognitivemap.net/HCMpdf/HCMComplete.pdf.找到。奥基夫和爱德华以及梅-布里特·莫泽共享了2014年的诺贝尔生理学和医学奖,而其他两人解决了大脑中的构成空间地图的许多细节。他们用自己的话讲述了这一故事,网址是 http://www.ntnu.edu/kavli/discovering-grid-cells

⑦ 埃莉诺·马圭尔的团队在2000年的《美国国家科学院院刊》(97期,4398—4403页)的一篇文章中,阐述了一些吸引人的、和海马体结构以及伦敦出租车司机的空间导航有关的发现。

⑧ 博勃特的团队在2012年的《老龄化神经科学前沿》(4期,文章

28)的一篇文章中,阐述了超越革命的航行策略的改变以及健康老龄化的含义。他们早期的揭示 GPS 使用可能减弱海马体功能的报告可以在物理学家组织网站 http://phys.org/news/2010 - 11 - reliance-gps-hippocampus-function-age.html 上找到。

⑨ 艾伯特·博格曼的重要且卓越的书《技术和现代生活的特征》值得仔细阅读(芝加哥大学出版社,芝加哥,1985)。

⑩ 雅虎的丹尼尔·奎西亚团队在"第 25 届美国计算机协会的超文本和社交媒体会议"的文章(ACM Press,纽约,116—125 页,2014)中阐述了他们的工作,文章可在 http://dl. acm. org/citation. cfm? id = 2631799 找到。

⑪ 遗憾的是,MATR 应用找不到了,但这一项目的一些细节可在 http://www.spurse.org/what-weve-done/matr/找到。

⑫ 布鲁斯·斯特林的启发性的小册子《物联网的激烈斗争》2014 年在莫斯科的斯特列尔卡出版社出版。

⑬ 一个有关在个人伤害诉讼中 Fitbit 证据的使用的故事被凯特·克劳福德于 2014 年 11 月 19 日在《大西洋》(网上)的文章中进行了详述,网址是 http://www. theatlantic. com/technology/archive/2014/11/when-fitbit-is-the-expert-witness/382936/

⑭ 亚当·格林菲尔德的书《反对智能城市》被 Do Projects 以一个电子小册子的形式在 2013 年出版了(纽约)。

结论

① IDIA 实验室的虚拟巨石阵项目可在 http://idialab. org/virtual-stonehenge/ 找到。

致谢

我很早的时候就开始了心理地理学的学习，在与童年的小伙伴们一起跋涉森林、田野、郊区街道和深夜都市风景的过程中，探究了很多值得了解的地方，获得很多感悟。此间最重要的收获是了解了如何发现问题，又如何解决问题。在此我想感谢陪伴我学习这些知识的童年好友马克・赖特、史蒂夫・梅森、戴维・韦斯特莱克、文斯・贝里、乔治・丹尼斯 和保罗・拉坦。

约翰・约曼斯、梅尔・古德尔、凯斯・范德比特和巴里・弗罗斯特等人则是我真正意义上的导师，他们引发了我对神经科学的热爱，协助我畅想了该领域的未来。托马斯・西博姆向我介绍了神秘的科学、艺术和建筑学，还让我认识了很多奇妙的同事。其中包括菲利普・比斯利，他的洞察力、想象力和激情对我产生的影响超出他的想象。

我还要感谢来自宝马一古根海姆实验室的团队为我提供的前所未有的机会去进行一些全球性的心理地理学研究。查尔斯・蒙哥马利带我进入了整个研究，戴维・范德李和玛丽亚・尼克诺支持并且鼓励我的研究。此外还有无数的员工、实习生和志愿者的努力，没有他们我不可能在如此迷人和深远的地方进行我的实验研究。尤其是斯蒂芬妮・葵、克里斯蒂娜・麦克拉伦、安德烈斯・卡特、亚历山大・博林德-吉布森、康斯坦丁・伯泽和马赫什・曼扎娜，他们孜孜不倦地支持我，贡献了无数小时的努力。最重要的是，我感谢那些跟着我进行心理地理学之行的志愿者们，他们陪我穿过酷热、暴雨和好奇的围观人群。

另外要特别致谢露丝和约翰・科纳，以及他们的儿子伊恩，他们友好地允许我参观了我在英国最早的房子之一，激发了我许多关于家的想法。

国内方面，我感谢我的同事、员工以及滑铁卢大学的学生们，他们对我的工作给予了帮助。如果没有像德尔克、凯文·巴顿、维德兰、凯莉娜·Ehgoetz·马滕斯和汉纳·尼佳米等学生的热情和长时间的劳作，我是无法在繁忙的实验室中完成任何重要事情的。

我感谢我的孩子们，他们对心理地理学艺术的初探使我感到愉悦，并得到启发。在众多因素中，我的父亲罗纳德则是最早帮助我想象建造东西的意义。

我很感激我的助理丹尼丝·布科夫斯基，他很努力地帮我为这本书寻找一个好的归宿，以及我的编辑，贝尔维尤文学出版社的埃里克·戈德曼，他以他的热情、敏锐、智慧和幽默感帮助我完成了这本书。

最后，我要感谢克里斯廷，她的爱与支持支撑着我生活中的每一天，激励我全力以赴，越走越远。

译后记

译完此书，恍若走过一段漫长的旅途。从心理与情感的视角来重新审视我所生活的世界，从家庭空间、城市道路到大型建筑和历史遗迹，这才发现每一个地方都与人类的心理存在着千丝万缕的联系。作者眼中看到的是被我们熟识却又忽视，属于建筑物、风景和地点的世界。他从独特的视角出发，深入探究了地方与心理之间的奇妙联系，一个熟悉却又陌生的新世界跃然纸上，我们每天生活的空间、行走的道路、赞美的风景，在作者的笔下都拥有了无穷的生命力。人类的未来能否远离大自然而活在虚拟风景之中，我们在科技与自然之间如何抉择，“自然之地”向我们展示了人类对自然的渴望；我们对家庭空间的热爱和依赖源自何处，未来的家庭空间需要怎样的改变和创新，“情感之地”为我们描述了有感情的家的可能性；游乐场里的我们为何疯狂，赌徒被什么所诱惑，商场又怎样牢牢抓住顾客，“欲望之地”给了我们有关建筑空间影响我们的情感与行为的答案；大型建筑乃至城市规划究竟需要呼唤个性，还是一致而无趣，通用性的设计模式究竟可不可行，“无聊之地”让我们看到了平凡的场景背后的不凡；“焦虑之地”探讨空间如何带给我们焦虑与恐惧，“敬畏之地”展现建筑物的庄严与神圣，而“机器中的世界”与“世界上的机器”两个章节则再次探讨了科技与自然的关系。就这样我跟随作者走进了心理地理学的奇妙世界，也试图在此间寻找自己的心灵之所。

“此心安处”的书名早早就浮现脑中，译完全文后，我更加确信这四个字能够表达作者想要传达给读者的信息与情感。我们一生中会“走过许多地方的路，行过许多地方的桥，看过许多次数的云”，有人终生漂泊，四处为家；有人生活安逸，处变不惊。无论身在何方，身边风景如何变幻，我们都会将自己内心的情感与记忆投射在所处的空间与建筑之上。"此心安处是吾乡"，带着对建筑物的记忆、对家庭的依恋、对地方的情感上路的我们，只要拥有心灵的皈依和灵魂的故乡，便能无惧风雨，勇敢前行。

在作者的指引之下，我也得以回顾自己来时走过的道路，回想记忆中对我最重要的地方。带着这些情感与回忆，我在翻译过程中，似乎能更好地理解与我处在不同文化背景之下，看过诸多不同风景的作者所要传达的信息与感情。希望本书的译制不负作者创作本书的原意，也期望诸位读者能从本书中有所思、有所得，能愉快享受这段心灵地图的探索。

最后，我要感谢本书的原作者埃拉德先生，让我有幸读到这本视角独特、充满智慧的书，并借我之手让更多人知晓心理地理学的奇妙之处；感谢江苏教育出版社的信任，让我能完成此次的心灵之旅，尤其感谢张平主任和孙兴春编辑等在我翻译过程中所给予的支持与帮助。

赵　凯

2015 年初夏　于仙林

书　　名　此心安处
著　　者　[加拿大]科林·埃拉德
译　　者　赵　凯　张慧君　茅佳惠
审　　校　赵　凯
责任编辑　严明瑗
出版发行　凤凰出版传媒股份有限公司
　　　　　江苏凤凰教育出版社(南京市湖南路1号A楼　邮编 210009)
苏教网址　http://www.1088.com.cn
照　　排　南京凯建图文制作有限公司
印　　刷　镇江中山印务有限公司(电话 0511－86917816　86917818)
厂　　址　丹阳市朝阳路1-3号
开　　本　787毫米×1092毫米　1/16
印　　张　12.5
版　　次　2015年10月第1版　2015年10月第1次印刷
书　　号　ISBN　978-7-5499-5506-0
定　　价　24.00元
网店地址　http://jsfhjycbs.tmall.com
新浪微博　http://e.weibo.com/jsfhjy
邮购电话　025-85406265,85400774 短信 02585420909
盗版举报　025-83658579

苏教版图书若有印装错误可向承印厂调换
提供盗版线索者给予重奖